THE BABYLON ASTROLOGY

運勢占いナポレオン

バビロン占星術

はじめに――私が本書を出版しようと思った理由《わけ》

ことの発端は、私が中学生のときに遡ります。当時父は会社を経営していて、会社の今後の経営状況など、いろいろな判断に占いを役立てていたようです。そこで高校入試という息子の一大事にあたり、占い師さんに見てもらおうとなったのです。ただ、そのとき私が聞いたのは、「今はうまくいかない時期なので、高校に入っても苦労するだろう」といった、よくない話で、これからどうしたらいいのか迷ってしまったのを覚えています。社会人になってからも、いろいろな占い師さんに見てもらいましたが、いいことを言われても、その多くはすでになんとなく予感していることだったりしました。私は、もっと運をつかむためのヒントや今後の可能性を詳しく知りたかったし、よくないことがでているのなら、それを回避するための具体的な方法を知りたかったのです。

「占いというものは気軽な娯楽として向き合うならよく当たることもあって楽しいけど、大事なことになると白黒決着がつかない。いざというときにもっと役立つ占いはないのか」。そんな疑念と期待を胸に、私はアメリカ、イギリス、中国、台湾、韓国、スリランカ、チベット、インドなどを回り、そこでの体験を通じて、世界にはさまざまな占いがあるものの、どれもその起源は古代都市バビロンで生まれた「バビロニア占星術」にあるということを知りました。そして最終的には、占いの本質は凶作用からの回避であり、それは「星座と惑星の配置をよく理解して、よくない状況を自ら乗り越えるためのツールである」という考えにたどりついたのです。乗り越え方に関してさらにわかったのが「惑星の角度」が重要だということです。なかでも90度は最も用心すべき角度です。詳しくは本文で述べますが、青天の霹靂のように起こる悪い出来事や、人生を激変させる凶作用を知るヒントになるのが90度の角度であり、あとは自分の頭を使って生きていくことでそれらを乗り越えられるはずだ、ということです。占星術との向き合い方がはっきりしたことで、今度は「単に予告したり脅かしたりするだけのものとしてではなく、人が凶作用を回避し、運をつかんで人生を充実させるためのツールとして占星術を広く伝えていきたい」、そういう想いに至ったのが本書を執筆した理由です。

少し驚かれるかもしれませんが、実は本書は、西洋占星術と宇宙エネルギー活用法を融合させたものです。原点である「バビロニア占星術」の精神を大切にしながら、西洋占星術の基本とポイントをお伝えし、あなたの本質やテーマをわかりやすく解説すると同時に、宇宙エネルギーを活用して凶作用を回避する方法について紹介しています。あなたが凶作用を避けて運をつかみ、可能性を見出して人生を切り開くために本書が役立てば、とてもうれしく思います。

目次

Chapter 4
ハウスと惑星

Chapter 5
アスペクト

Chapter 6
トランジット

Chapter 7

宇宙エネルギーとバビロン占星術

Q&A

【コラム】

CHAPTER 1

占星術の成り立ち

Origin of astrology

占星術の原型は凶事の予測から始まった

人類史上、占いを始めたのは古代のユダヤ人だといわれています。今から4000~4500年以上昔、ユダヤの人々は羊や山羊などの放牧によって生活していました。ただ、彼らのいた中東というところは、当時から争いが絶えず、特に肥沃な土地や恵まれた土地が狙われて襲撃されることがよくありました。さまざまな面ですぐれていたユダヤ人は、地理的によい土地を手にすることが多く、その分よく標的になったのです。自分たちの領地を取られたり、財産を略奪されたり、妻や子をさらわれたりと、たびたび悲惨な目に遭っていました。

ユダヤ人たちは、「なぜこのように襲われてしまうのだろう」と考えながら夜空を見上げました。すると、夜空にある星々が目に入ります。それを繰り返すうち、見上げた夜空にある土星や木星、火星、水星といった惑星の状況と、悲惨な出来事とに関連性があることに気づきました。例えば、木星と他の惑星の関係性によって、強く凶作用が出てくることを知りました。本来、木星は非常にラッキーな星ですが、土星と接近することで木星の吉作用が途絶え、強い凶作用が出ることを突きとめたのです。その凶作用の現れは、他者の襲撃に限りませんでした。木星と土星が近づくときには、天変地異が起こって大きな被害が出やすいことにも彼らは気づきました。寒冷や日照り、

イナゴの大発生、それらに伴う飢饉、その影響から起こる民族の大移動、ウイルスや細菌による感染症など、人々を苦しめるさまざまな凶事が起きる前には、土星と木星が接近していたのです。ほかにも凶作用を示す惑星の位置関係があることが、だんだんわかっていきました。

星の動きを観察して、これらの凶事が予測できれば、警戒して準備し、被害を最小限に抑えたり、避難したりできます。それは結果的に、都市の守りにつながります。ユダヤ人たちは、卓越した天文学の知識を駆使して、惑星の動きによって地上の出来事を予測する研究を続け、時間をかけて堅固な都市造りを進めていきました。こうして生まれたのが、今から３５００～４０００年前、チグリス川とユーフラテス川、その２つの川が流れる領域（現在のイラク付近）に存在した古代都市バビロンです。そして、彼らが完成させた、惑星の動きで地上の出来事を知る技術体系は、のちに「バビロニア占星術」と呼ばれるようになりました。これが、現在の西洋占星術の原型になったのです。

未知なる惑星を見つけるために巨大な塔を建設

天文学の高い叡智を備えたバビロンの人々は、占星術をさらに極めるために、神に近づこうとしました。運命を司るのは神ですが、占星術で運命を知ることができるなら、神に近づけるはずだと考えたのです。そこで、自分たちが把握していた惑星である水星、金星、火星、木星、土星以外にも、未知なる惑星が天空にあるはずだと考え、それを見つけだそうとしました。それにより占星術の精度を高めて自分たちの力を増し、永久なる王国が作れると思ったからです。当時は占星術で国王や大臣などの運命まで探ろうとし、百発百中で当てようとしました。そんなこともあって、占星術の精度を高めることに注力したのです。

　バビロンの人々は、高いところから見れば未知なる惑星を探しだせると考え、天を突くような巨大な塔を建設しました。その塔は「バベルの塔」と呼ばれました。バベルの塔は、旧約聖書にも登場し、人間が神と等しくなろうとして神の怒りをかった象徴とされています。伝説上の建造物に過ぎないという見方がある一方、実在したという説もあります。結果的に、バビロンの人々は、バベルの塔を作っても未知なる惑星を見つけ出すことはできず、塔は侵入してきたペルシャ（現在のイラン付近）の人たちに破壊されてしまいます。バビロンの人々が切望した未知なる惑星の発見は、18世紀以降まで待たなければなりませんでした。18世紀に天王星、19世紀に海王星、20世紀になって冥王星が発見され、占星術でいう「惑星」に加わりました（冥王星は２００６年に惑星から除外されて準惑星になりましたが、占星術の世界では惑星として扱います。なお、占星術では太陽と月も含めた10の天体を惑星と

称して用います）。天王星、海王星、冥王星が発見されて占星術の世界に加わったことで、占星術の精度は飛躍的に高まったといわれています。

ほとんどの占いの原型は「バビロニア占星術」

未知なる惑星を見つけて精度を高めることは叶わなかったバビロニア占星術ですが、その叡智は、バビロンから各地に伝わっていきました。古代ギリシャのアレクサンダー大王が広大な帝国を築き、ヘレニズム文化が栄えた紀元前４世紀頃、急速に広まっていったと考えられています。

欧州方向へは、イタリアを中心に現在のスペイン、フランス、ドイツ、イギリスなどに広まっていき、西洋占星術が生まれました。ただ、占星術がこの地域に広まり始めた当時は、地域の多くがローマ帝国に支配されていたため、実質的には、西洋占星術はローマ帝国の王侯貴族のものであり、庶民とはほとんど無縁でした。その後、西洋占星術は長い年月をかけ、貴族から庶民の間にも広まり、多くの人に活用されるようになったのです。他方、東に向かっては、ペルシャを経て、インド、中国へと広まっていきました。欧州地域では、天文学をベースにした学問的な形で占星術が広まったのに対し、インドや中国では違った側面が重視されるようになりました。インドに伝わったのちに生まれた「インド占星術」は、月の動きを重視し、その通り道を

27もしくは28分割したナクシャトラ（星宿）に当てはめて占います。それは、学問というより霊感的な心情面を大事にし、個人的・家庭的な問題を解決するツールとして広まりました。また、中国に伝わったのちに生まれたのが「四柱推命」です。四柱推命は、生年月日と出生時間を十干十二支（年や月を表す十二支と日を表す十干を組み合わせたもの）に当てはめて行う占いで、日本でもよく知られています。一般的に占星術とは別のものと考えられていますが、実は、バビロニア占星術がもとになっています。中国の場合は、戦争や商売の戦略を立てる際に、この占いが多く用いられてきました。

　さらに、日本の神官が行う神道の占いも、ルーツはバビロニア占星術にあります。神道の占いでは、土星などの惑星の動きが太陽の黒点に反映されることに着目し、黒点だけを観察するようになりました。太陽に多くの黒点が出るときは、天候が非常によくて穀物が豊富にとれること、逆に黒点がないときは寒冷で穀物がとれないことを予測しました。穀物がとれなければ、餓死者が出て人口が減り、国の存亡に関わります。太陽の黒点で、今後3～5年程度の気象がわかるため、凶作に備えて穀物を蓄えるなどの対策をとったのです。現在も、これに関係する神事が諏訪大社などで行われています。

　このように、「占星術」という名前がつかない占いも含めて、バビロニア占星術をルーツとする占いは各地にあります。

立体的な見方で人や出来事、タイミングがわかる

もともと占星術が発展したきっかけは前述の通り、敵の襲撃や天変地異など、凶事を予測することにありましたが、やがて、その人の持って生まれた運勢や人生の予測などにも応用されるようになっていきました。子どもが生まれたときの夜空の星々の配置を見るうちに、惑星の配置と子どもの特徴に関連性が見出されるようになり、その面での研究も進んでいったのです。

西洋占星術でいう12の星座は、地球から見た太陽の通り道（黄道）にあります。よく知られている牡羊座、牡牛座、双子座…などの12星座は、黄道上の位置を示しています。詳しくはチャプター2以降で解説しますが、あなたが生まれた年・月・日・時刻の天空を見上げたとき、その12星座のうち、どこに10個の惑星があったかを示す模式図がホロスコープです。西洋占星術では、ホロスコープによって、その人のさまざまな面での特徴や傾向、可能性、資質、適性などを知ることができます。

よく「4月1日生まれの人は牡羊座」などというのは、その人が生まれたときのホロスコープで、太陽がどの星座に位置しているか（太陽星座）を示しています。太陽星座は、その人の本質を示すとされ、最も重要です。ただ、それがすべてではなく、太陽星座は西洋占星術のごく一部を取り出したもの

に過ぎません。ほかにも自分の感情を表す「月星座」（その人のホロスコープで月がどの星座にあるか）、コミュニケーションや学習能力を表す「水星星座」など、惑星ごとに、どの星座にあるかを見ることで、いろいろな情報がわかるようになっています。

　また、ホロスコープの中心から放射線状に12に区切ったエリアがありますが、これをハウスと呼び、どのハウスにどの惑星があるかによって「12星座で見たことが、その人の人生のどんな場面で顕在化するか」がわかります。ほかにも、惑星同士の角度を示す「アスペクト」によって、さらに細かく複雑な情報が得られたり、生まれたときのホロスコープ（出生ホロスコープ）に現在の星の動きを重ねて読む「トランジット」という方法を用いることで、開運のチャンスを得るタイミングや物事を起こすべきタイミング、逆に動かずに耐えるべきタイミングなどがわかります。このように、西洋占星術は、星座と惑星の関係性をさまざまな角度から見ることで、立体的に情報が浮かび上がるようになっているのです。

人生を豊かにする西洋占星術

　占いというものに対しては、誰もが「当たる・当たらない」にとらわれたり、当てることだけに心を奪われたりしがちです。しかし、先に触れたよう

に、実は占いの起源であるバビロニア占星術においては「凶事から逃げる」というところに意味があり、それが根本です。かの有名な占星術師・ノストラダムスの予言のほとんどが凶事への警告であることも、それを裏づけているのではないでしょうか。極論すれば、当たることにあまり意味はなく、災いを避けて幸せに生きるためのヒントを得るところに西洋占星術の大きな意味があるのです。

　自分らしく充実した人生を送るためのポイントや、タイミングのつかみ方を知ることも、西洋占星術でできる重要なことです。西洋占星術の星座といえば、「生まれた月日で自分の星座が決まっていて、運勢がわかる」というように捉えられがちですが、星座の本当の意味は「遠大な目標」です。星座は惑星とは比べものにならないほど非常に遠くにあるからです。それに対して太陽や月、水星、金星、火星といった天体（西洋占星術でいう惑星）は、遠いところにあるとはいえ、星座よりはかなり近くにあります。それらは目標に向かうために必要な行動を意味しています。本質をいえば、星座はあなたに与えられているテーマ（すべての人に与えられた「枠組み」）であり、惑星はあなた自身がもって生まれたさまざまな資質やエネルギーです。星座がテーマパークやそこにあるアトラクションの建物だとすると、惑星はそこで乗るジェットコースターやゴーカートといった乗り物です。すべての人は、10個の惑星という乗り物（資質やエネルギー）を与えられてこの世に生まれました。それをうまく使いこなして、自分に与えられたテーマ（目標）にたどり着こうというのが、西洋占星術の根底にあります。

さらに重要なことについて、少しだけ踏み込んでお話ししておきます。ホロスコープにある12のエリア（部屋）であるハウスのうち、９ハウスと10ハウスの間をＭＣ、３ハウスと４ハウスの間をＩＣといいます。あなたのホロスコープで、ＭＣ付近にある惑星は「あなたが前世でどんな仕事をしていたか」、ＩＣ付近にある惑星は、「あなたが前世でどんな家庭生活を送っていたか」を示しています。前世でそれらがうまくいかなかったから、現世で問題が引き起こされていると捉えることもできますし、一方では、前世から引き継がれた宿題、つまりあなたの魂が納得し、満足するためのテーマを、それによって知ることもできます。

占星術とか占いというと、定められた運命があって、それに対して人はなす術もないというイメージを持つ人もいるでしょうが、それはちょっと違うのです。生まれたときの先天的素養として星座があり、前世までの行いによってその配置が決められてはいますが、惑星という乗り物は自分でコントロールできます。このことを知らなければ、船に乗って穏やかな流れの川を旅していたのに、突然、その先が滝になっていてドボンと落ちてしまうことになりかねません。西洋占星術とは何かといえば、「穏やかな川に見えるけれども、その先には滝がありますよ」ということを、「多少はわかりま

しょう」というヒントです。それによって、滝に落ちる前に岸に上がるなり、堅固な乗り物に乗り換えるなり、身軽になって泳げるようにしておくなり、何かができるかもしれません。本書では、そのための独自の方法として、宇宙エネルギーを活用した方法を紹介しています。

よくいわれる「当たる・当たらない」よりはるかに重要な意味が西洋占星術にはあって、それは一言でいえば「人生を豊かにする」ということです。西洋占星術を使えば、あなた自身が気づいていない、あなたが生まれた意味や役目までも読み取ることができます。さらに、できるだけ危機を回避して、運命を切り開くために役立てることもできるのです。

それと、一般的な西洋占星術は「本人の強い意志」というものを加味しませんが、実は意思の存在は重要です。人がリスクを知って用心すれば、不思議とそれを避ける方向への力が働きます。こうした西洋占星術の特徴や弱点、活かし方を知っておくことで、危険を回避し、人生を豊かにすることができます。本書では、表現や説明をシンプルにしながらも、西洋占星術の表層にとどまることなく、その深い意味まで紹介し、人生を豊かにするお手伝いをしたいと思っています。

COLMUN

占星術と天文学の違い

西洋占星術をはじめ、多くの占いのもととなったバビロニア占星術は、天文学をベースとして生まれ、発達しました。古代都市バビロンに、高い天文学の叡智があったからこそ、地上の出来事と天空の惑星の位置や配置とに深い関わりがあることがわかり、占星術が生まれたのです。

といっても、その時代、天文学と占星術とは渾然一体としていました。ですから逆に、占星術から天文学が生まれたともいえます。初めは同じものだった両者が、長い年月をかけて少しずつ別のものになっていったのです。出発点では、どちらも天動説を基盤としていましたが、16世紀に地動説が唱えられ始め、19世紀に立証される流れの中で、天文学は地動説に移行しました。一方、占星術は天動説にとどまったため、両者の隔たりは大きくなりました。

現在の占星術は、天文学とはかけ離れた存在ですが、それでも惑星の運行をもとにしていることは間違いなく、宇宙の法則性を抜きにしては成り立たないのは確かです。その意味では、他の占いとは一線を画しているといえるでしょう。

CHAPTER 2

ホロスコープとは？

What is a horoscope?

ホロスコープ

誕生時の天空を示す人生の羅針盤

　あなたが生まれたとき、その場所から見上げた空に、星々はどんなふうにあったでしょうか。それを示した模式図が「ホロスコープ」（22ページ参照）です。その中心部は、あなたのいる地球上の位置、周囲の円は天球（下図）を示しています。あなた（地球）の周りを、太陽・月・水星・金星・火星・木星・土星・天王星・海王星・冥王星という10の惑星が回っています（占星術では太陽・月・冥王星を含めて「惑星」と呼びます）。

　実際には地球のほうが回っているのですが、西洋占星術の世界では、地球上にいる私たちの感覚のままに、惑星が回っていると捉えます。

　ホロスコープの一番外側の枠に並んでいるのは、牡羊座・牡牛座・双子座・蟹座・獅子座・乙女座・天秤座・蠍座・射手座・山羊座・水瓶座・魚座という12の星座です。雑誌などでよく見る「星占い」でお馴染みの星座ですね。西洋占星術では、星座は「サイン」とも呼ばれます。

　多数ある星座のうち、なぜこの12星座だけがホロスコープにあるのでしょうか。それは、太陽の通り道である「黄道」に並んでいる星座だからです。ホロスコープの星座は、惑星が黄道上のどこにあるかを示す「番地」のような役目もしていて、「牡羊座に太陽がある」「魚座に月がある」などと表現します。

　ホロスコープは、あなた自身とあなたの人生について、多くのことが読み解ける「人生の羅針盤」です。

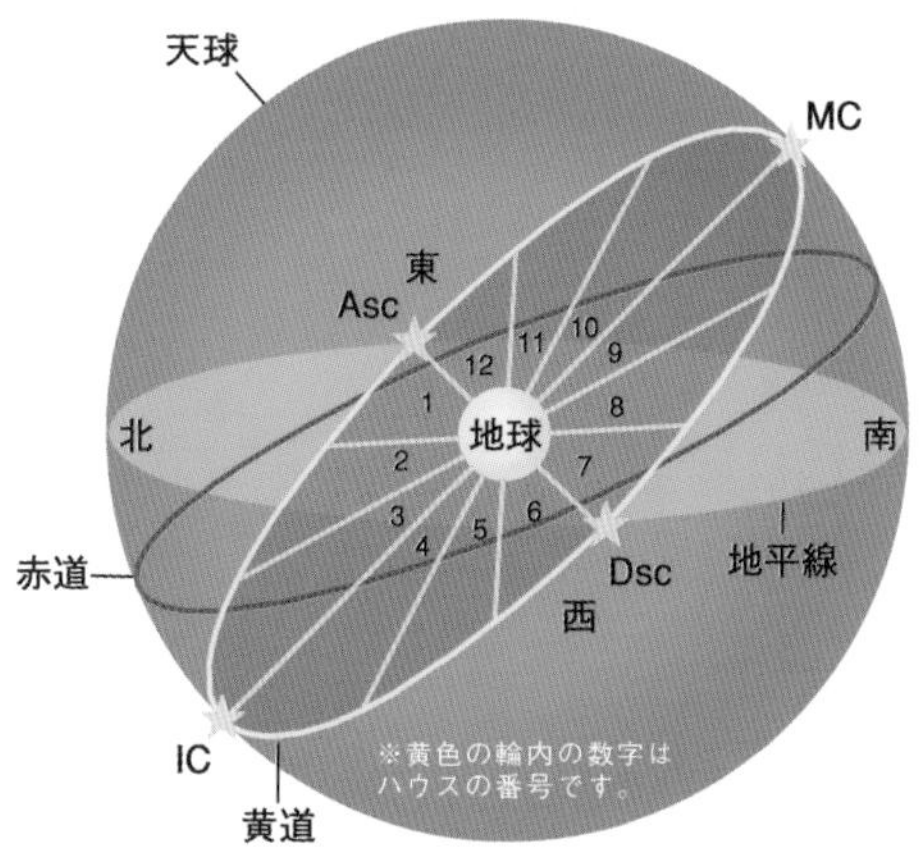

星座、惑星、ハウス、半球があなたを語る

星座の大きさや間隔は、実際には一定ではありませんが、ホロスコープでは円周を12等分して星座を配置しています。生年月日によって、どの星座の位置にどの惑星があるかが決まります。

それだけでも多くのことが読み解けますが、出生時間がわかれば「ハウス」が確定でき、より多くの情報が得られます。ホロスコープの中心から放射線状に12に区切ったエリアがありますが、これがハウスです。

ハウスが確定したホロスコープには、東西南北という4つの方位があります。ホロスコープの方位は普通の地図と逆で、上が南、下が北、左が東、右が西になります。ホロスコープは天球を円に見立てたものなので、下半分を北半球、上半分を南半球、右半分を西半球、左半分を東半球と呼びます。どの半球に惑星が多いのかを見るだけでも、その人の傾向がわかります。

北半球に惑星が多い人　成功や名声より、個人的な価値観に基づく趣味や楽しみを優先します。自分と家族の幸せを何より大切にするタイプ。

南半球に惑星が多い人　個人的なことより仕事や社会的なことを優先します。周囲から評価や賞賛されることを重視し、目的意識が高いタイプ。

西半球に惑星が多い人　周囲との順応性が高く、その分、影響を受けます。他者との出会いや関係を重視し、人と協力して目的を達成するタイプ。

東半球に惑星が多い人　主体性が強くて行動力に富み、自分の意志で人生を切り開きます。環境や人からの影響を受けずに我が道を行くタイプ。

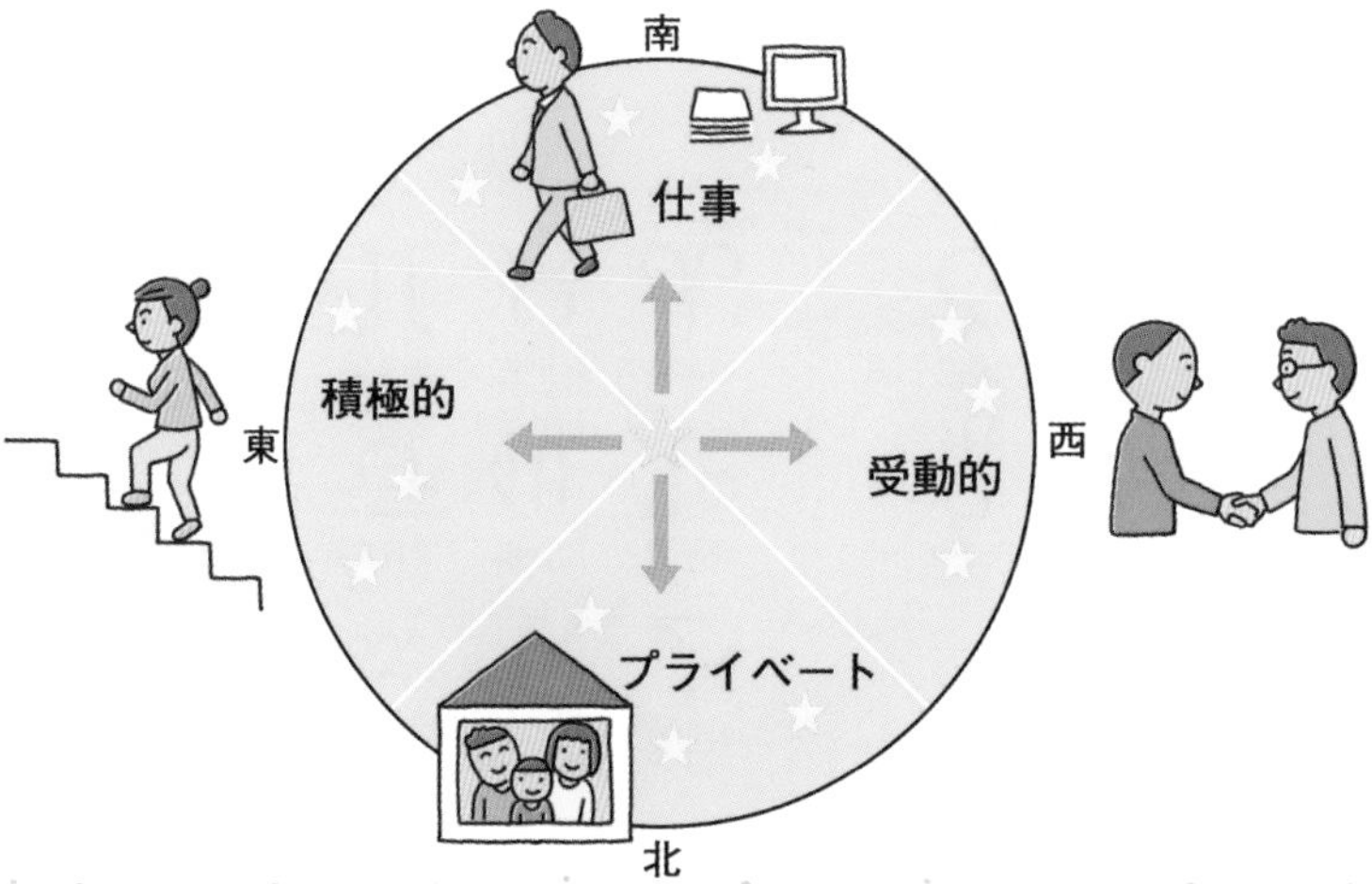

ホロスコープの見方

地球を囲む天球を二次元の円で示したホロスコープ。その各部分の名称や重要な意味についてご説明します。

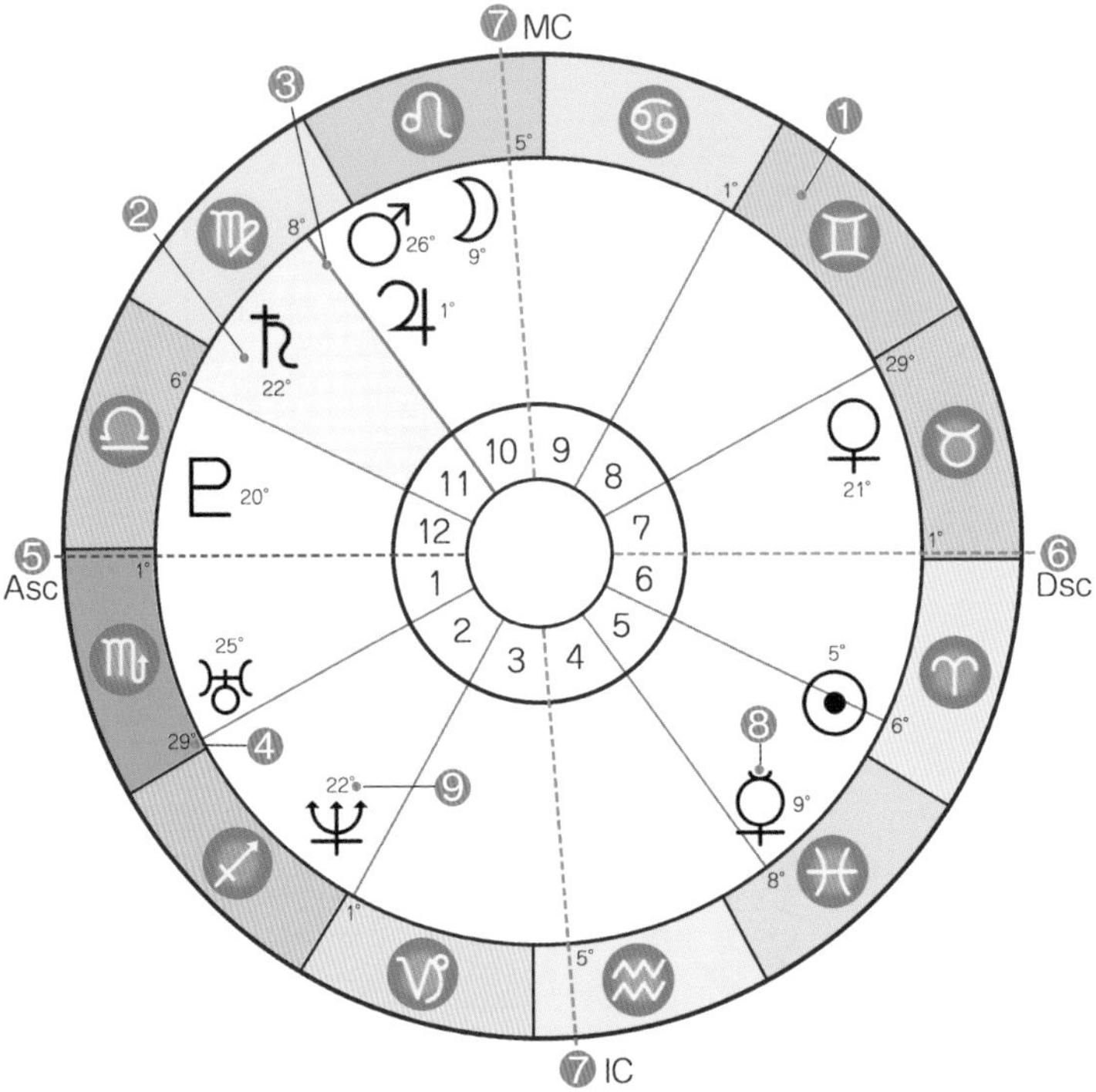

惑星記号

☉ 太陽	☽ 月	☿ 水星	♀ 金星
♂ 火星	♃ 木星	♄ 土星	♅ 天王星
♆ 海王星	♇ 冥王星		

星座記号

♈ 牡羊座	♉ 牡牛座	♊ 双子座	♋ 蟹座
♌ 獅子座	♍ 乙女座	♎ 天秤座	♏ 蠍座
♐ 射手座	♑ 山羊座	♒ 水瓶座	♓ 魚座

❶星座（サイン）

外側の30度ずつの枠に配置されたのが星座で「サイン」ともいいます。牡羊座～魚座の12星座が反時計回りに並び、その始まりの線が星座の起点です。星座の意味は「人生で与えられた目標（テーマ）」です。

❷ハウス

中心から放射線状に12に区切ったエリアがハウスで（大きさはハウスによって異なります）、出生時間がわかれば確定できます。ハウスは「そのことが人生のどんな場面で顕在化するか」を示します。

❸ハウスの境界線（起点）

放射線状の線はハウスの境界線（起点）です。左端（時計の9時の位置）が1ハウスの起点で、反時計回りに2ハウス、3ハウス…と続きます。この起点が当たる星座が「そのハウスの星座」です。

❹ハウスの始まりの位置

星座は30度ずつで区切られますが、ハウスはまた別の方法で区切るので、星座とは一致しません。この小さな数字は、各ハウスの起点が、「そのハウスの星座」の起点から何度ずれているかを示します。

❺アセンダント（Asc）

1ハウスの起点（12ハウスと1ハウスの境界線）をアセンダント（Asc）と呼びます。東の地平線と黄道の交わる点を示し、人から見た第一印象や社会に見せている表向きの顔などを意味します。

❻ディセンダント（Dsc）

7ハウスの起点（6ハウスと7ハウスの境界線）をディセンダント（Dsc）と呼びます。太陽が沈む西の地平線を示し、恋愛、結婚、仕事、友人関係などで、自分に強く影響する相手を意味します。

❼MCとIC

10ハウスの起点がMC（天頂ともいう）で社会での活動を、4ハウスの起点がIC（天底ともいう）で家庭生活を示します。より本質的にはそれぞれ前世での仕事と家庭生活を意味し、今生での課題がわかります。

❽惑星

内側にバラバラと配置されるのが惑星で、太陽～冥王星の10惑星があります。各惑星は持って生まれた資質やエネルギーを意味し、それが星座やハウスのどこにあるかで多くのことが読み解けます。

❾惑星の位置

各惑星が、その惑星の入っている星座の起点から何度の位置にあるかを示します。アスペクト（惑星同士の角度）は、見た目で大きく捉えてかまいませんが、この数字から割り出すこともできます。

ホロスコープを作ろう

インターネット上のホロスコープ作成サイトを利用すれば簡単にホロスコープが作れます。

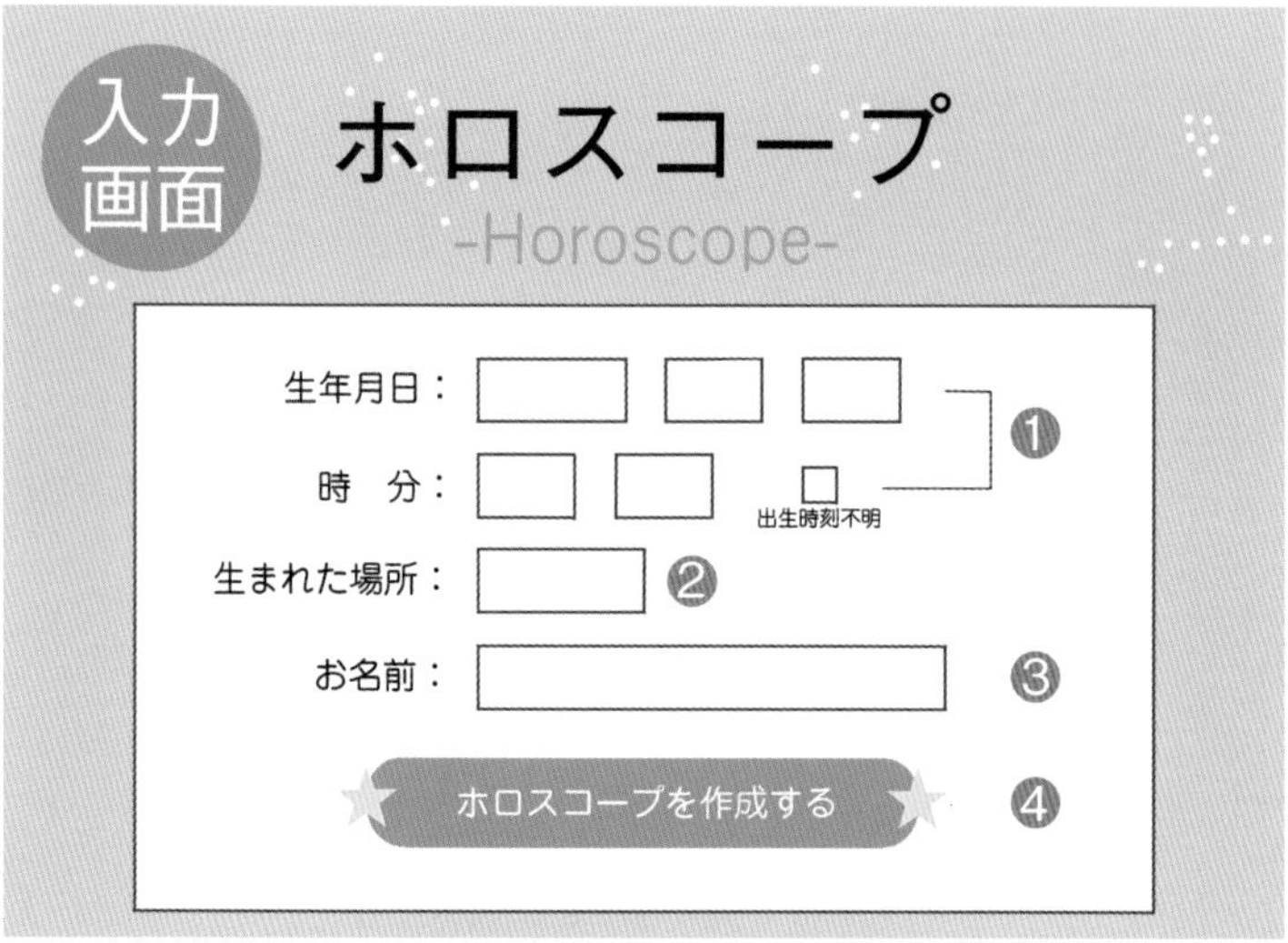

ホロスコープは自分で描くこともできますが、手順はかなり複雑です。必要事項を入力するだけで作成できるさまざまなインターネットサイトがあるので、それを利用して作るとよいでしょう。詳細はサイトによって異なりますが、基本的には以下の手順でホロスコープが作成できます。

❶生年月日・出生時刻を入力。時刻が不明の場合は「時刻不明」などにチェック。

❷出生場所を入力。おもに都道府県を選ぶ形式ですが、外国生まれの人向けに緯度・経度で入力できるようになっているサイトもあります。

❸名前を入力。

❹作成ボタンをクリック。
すると、次ページのような出力画面が表示されます。

特設サイトのご案内

インターネット上でホロスコープ作成プログラムを無料公開されているサイトをまとめてみました。ご活用ください。読者限定特典その他追加情報も適時掲載していきます。

【特設サイト】
https://kakuworks.com/cp/clp/babylon/

※ホロスコープ作成プログラムのサイトはあくまで外部の方がご好意で無料公開されているものとなりますので、急遽休止されたり、有料化される可能性もあります。また、それらサイトのご利用によるトラブル・損害には当方は一切関与できません。予めご了承ください。

出力画面

⑤ 惑星

☉ 太陽	♎ 天秤座	11° 42′	9ハウス
☽ 月	♈ 牡羊座	1° 54′	3ハウス
☿ 水星	♎ 天秤座	18° 42′	9ハウス
♀ 金星	♎ 天秤座	5° 13′	9ハウス
♂ 火星	♌ 獅子座	28° 33′	8ハウス
♃ 木星	♓ 魚座	20° 38′ R	2ハウス
♄ 土星	♉ 牡牛座	1° 36′ R	4ハウス
♅ 天王星	♒ 水瓶座	8° 53′ R	1ハウス
♆ 海王星	♑ 山羊座	29° 24′ R	1ハウス
♇ 冥王星	♐ 射手座	5° 59′	11ハウス

⑥ ハウス

1ハウス	♑ 山羊座	8° 44′
2ハウス	♒ 水瓶座	17° 10′
3ハウス	♓ 魚座	26° 49′
4ハウス	♈ 牡羊座	29° 26′
5ハウス	♉ 牡牛座	24° 57′
6ハウス	♊ 双子座	16° 49′
7ハウス	♋ 蟹座	8° 44′
8ハウス	♌ 獅子座	17° 10′
9ハウス	♍ 乙女座	26° 49′
10ハウス	♎ 天秤座	29° 26′
11ハウス	♏ 蠍座	24° 57′
12ハウス	♐ 射手座	16° 49′

Asc	♑ 山羊座	MC	♎ 天秤座
Dsc	♋ 蟹座	IC	♈ 牡羊座

⑧ 運気を占う

※日時入力により、その日の天体の位置がわかります。

□年□月□日□時□惑星

天体の位置を表示する

⑦ アスペクト

	☉									
☽		☽								
☿			☿							
♀	0	180		♀						
♂					♂					
♃						♃				
♄					120		♄			
♅	120			120				♅		
♆		60		120			90		♆	
♇	60	120		60				60	60	♇

⑨

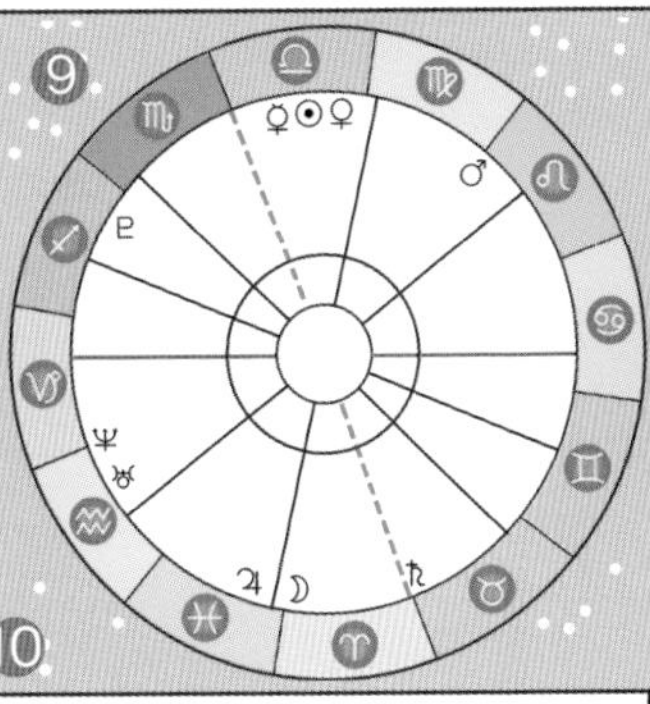

⑩

★ NAME ★

★ DATE ★

★ PLACE ★

❺10の惑星が、どの星座、どのハウスに入っているかを示した一覧表。左から3番目の欄では、星座境界線からみた惑星の位置（度数）を表示し、そのあとの「R」は逆行を意味します。※逆行についてはQ&Aを参照。

❻12のハウスに対応する星座を示した一覧表。左から3番目の欄では、星座境界線からみたハウス境界線の位置（度数）を表示。2段目の表には「Asc」「Dsc」「MC」「IC」に当てはまる星座が表示されています。

❼惑星同士のアスペクト(角度)を示した表。数字は度数を意味し、吉角と凶角はわかりやすく別の色で表示されます。

❽占いたい日時を入力し、惑星を選択すると、その時点での惑星の位置がホロスコープに表示されます。

❾入力画面での①～③の入力内容に基づき、出生ホロスコープが表示されます。

❿入力画面での入力内容が表示されます。

ホロスコープの読み解き方法

【出生時刻がわからない場合】

ホロスコープの読み解き方のポイントをご紹介します。まず、出生時刻がわからない場合です。

出生時刻が何時でも、星座と惑星の位置関係、惑星同士の角度であるアスペクトは同じです。そこで、まずは、どの惑星がどの星座の位置にあるかで読み解いていきましょう。太陽が牡羊座にあったら、本書35ページ、太陽と12星座の中の牡羊座を読んでください。同じように10の惑星について読んでいきます。

惑星が星座の境界線付近にいる場合、入っている星座からの影響が主たるものですが、近くにある星座の特徴も併せ持つため、波乱が多くなる半面、大きな成功を呼ぶ場合もあります。

アスペクトは表で示されるので、１３８ページ以降の当てはまる箇所を読みましょう。特に90度のハードアスペクトに注目してください。

＊出生時間がわからない場合については、１９０ページのＱ＆Ａも参照。

【出生時刻がわかる場合】

親の話や母子手帳から出生時刻がわかる場合は、ハウスも示されます。それにより、星座・惑星・アスペクトで読み解けたことが、人生のいつ、どんな場面で顕在化するかがわかります。それをつないでいくと、人生の流れを読むこともできます。

また、社会での自分の印象（アセンダント）、自分のパートナーについて（ディセンダント）、仕事や社会活動のテーマ（ＭＣ）、家庭生活のテーマ（ＩＣ）などもわかります。これらについては、78ページ以降の当てはまる箇所を読んでください。

ホロスコープ読み解きのコツ

下記の流れに従いつつ、「惑星」のエネルギーが「星座」のテーマのもとで「ハウス」の事柄に対して影響を与えるという文脈で読み進めると理解しやすいでしょう。※STEP2 は出生時刻がわかる場合のみ。

STEP 1
惑星がどの星座にあるか。

STEP 2
惑星がどのハウスにあるか。

STEP 3
アスペクトの状況はどうか。

CHAPTER 3

12星座と10惑星

12 signs and 10 planets

12星座

黄道上にある重要な12の星座

牡羊座～魚座の12星座は、雑誌などによくある「星占い」でお馴染みの星座です。こうした星占いでは、「3月21日～4月19日生まれは牡羊座」などとされ（詳細な日付は年によって変わります）、通常、自分の星座のところだけ読むでしょう。

しかし、西洋占星術でホロスコープを読み解く場合、自分に関係する星座は1つだけではありません。

ホロスコープの外側にある星座の輪は、太陽の通り道である黄道を意味し、12星座は黄道上にある重要な星座です。ホロスコープは、まず、12星座の位置に10の惑星がどう配置されているかで読み解きます。あなたのホロスコープでは、10の惑星がどう配置されているでしょうか。

太陽が位置している星座が「太陽星座」で、最も重要です。雑誌などの星占いは、この太陽星座を見ています。しかし、ホロスコープ上には太陽以外に9の惑星があります。それらがどの星座に位置するかも、自分と自分の人生を知る重要な手がかりです。具体的な組み合わせの意味は34ページ以降に記していますが、その前に各星座の基本的な意味やキーワードを押さえておきましょう。それを知ることで、具体的な組み合わせの意味を、より立体的に読み解けるようになります。

以下にあげる星座の説明は、特定の誰かの説明ではなく、各星座の特性です。この説明で各星座のイメージをつかんだあと、惑星との関係を見ていくと理解しやすくなります。

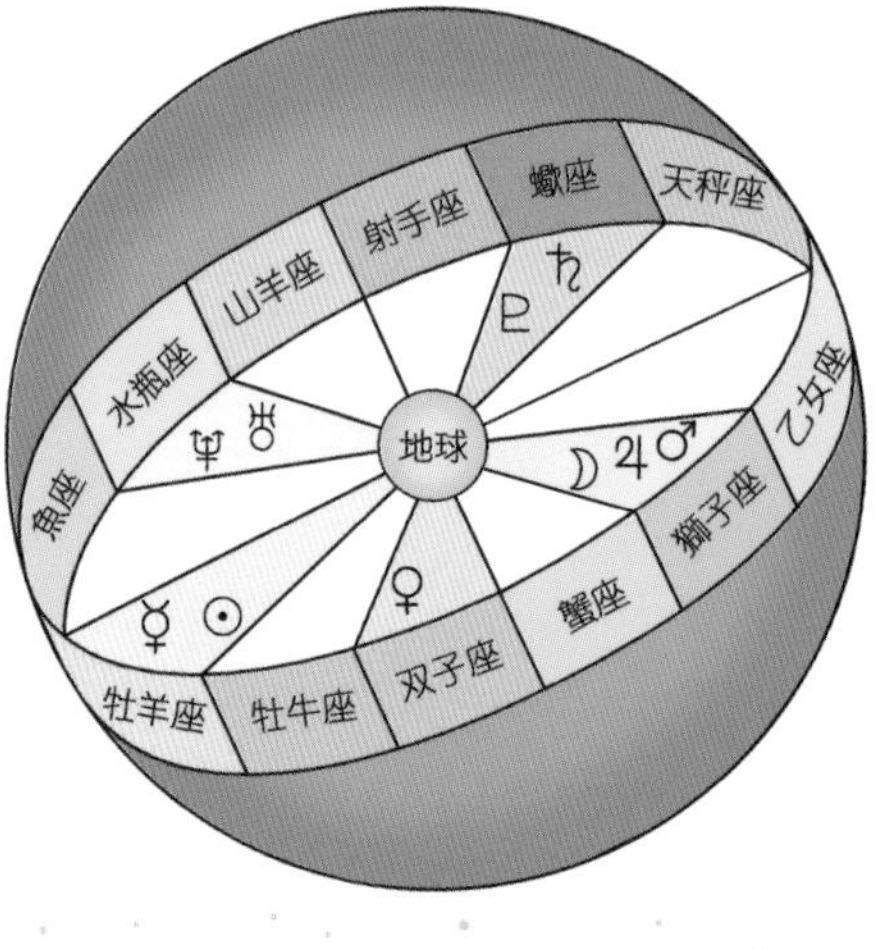

牡羊座

特性

勢いを持って何かを始めようとするときにふさわしい活動的な星座。フレッシュなエネルギーに満ち、斬新なアイデアが湧き出ます。考えるより先に、まず動く・進む・チャレンジするという性質が強く、その分、持続力に乏しく失敗することもあるのが難点ですが、未知の世界を体験するワクワク感に満ちています。

キーワード

- 行動力／スピード
- 開拓精神／自己主張
- ポジティブ／冒険心

牡牛座

特性

じっくりマイペースで何かを成し遂げる力に満ちた星座。穏やかな半面、頑固さもあり、変化よりは安定を求めます。見る、聞く、嗅ぐ、味わう、触れるといった五感にすぐれ、才能とセンスにあふれています。頑固さが出過ぎると、他者との関係がギクシャクすることもありますが、ゆるぎない自分の道を持っています。

キーワード

- スローペース／感性
- 美的センス／欲張り
- 落ち着き／芯の強さ

双子座

特性

アンテナを張って情報や知識を取り込み、常に変貌しようとする星座。適応力に富み、新しいものに強い好奇心を示し、高い学習能力とコミュニケーション力を持ちます。サービス精神やユーモアもあって他者を惹きつけます。ときに軽率に見られる場合もありますが、それは機を見てすばやく動ける行動力ゆえなのです。

キーワード

- 好奇心旺盛／向学心
- 話上手／臨機応変
- 頭の回転／二面性

蟹座

特性

情感豊かな星座で、母性本能や仲間意識が強く、家族や身近な人を大事にします。打ち解けるまでには時間がかかりますが、仲よくなった相手は徹底的に大切にし、面倒を見ます。それだけに、敵と認定した相手には攻撃的な態度をとる場合も。自分がのんびり過ごせる居心地のよい拠点を持つことで心が落ち着きます。

キーワード

- 感受性豊か／人情味
- 世話好き／嫉妬深い
- 気配り上手／こまめ

獅子座

特性

華やかでパワフル、堂々と自己主張して他者を惹きつけるリーダー気質の星座。強い生命力を持ち、どこにいても特有のオーラを放って目立ちます。グループの中心にいることが多いだけに、ともすれば他者の気持ちに鈍感になって「自分勝手」「ワンマン」と批判される場合もあるため、人の声に耳を傾けることが大切です。

キーワード

- 誇り／サクセス精神
- バイタリティー／勇気
- 努力／ロマンチスト

乙女座

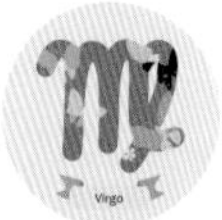

特性

真面目で几帳面、責任感が強くて勤勉な星座。細やかな気配りができ、シーンに応じて臨機応変に対応しつつ自分の役割をしっかり果たします。ただ、有能な完璧主義者であるだけに、自分のすべきことにとらわれて視野が狭くなることも。ときに大所高所に立った見方をすることで、新たな展望が開ける場合があります。

キーワード

- 才能豊か／観察力
- 分析力／高い好感度
- 秩序／デリケート

天秤座

特性

バランス感覚のある処世術を備え、人間関係を大切にする星座。自ら他者との関係を作り、スマートな社交スキルを発揮します。相手に合わせるスキルが高いだけに、ときに自分を見失いそうになることも。そのため、自分の核を持つという意味でも芸術などの面では美意識が高く、永遠の価値観を求める傾向があります。

キーワード

- 協調性／親しみ深さ
- センス抜群／品位
- 駆け引き／優柔不断

蠍座

特性

情が深く、一途でひたむきな星座。本質を見抜く目を備え、自分が興味を抱いたことはどこまでも追求します。集中的に勉強して資格をとり、何かのスペシャリストになることもよくあります。何かに愛着を持ち続けて「しつこい」などと評される場合もありますが、何を言われても1つのことを続けられるのは強みです。

キーワード

- 洞察力／目的意識
- 秘めた情熱／忍耐力
- 信念／謎めいている

射手座

特性

自分の好奇心に従って自由気ままに行動する星座。新しもの好きで、古い慣習にしばられることを嫌い、新天地へ飛び出そうとします。根本がポジティブなので、失敗しても落ち込まずに次のことにチャレンジ。飽きっぽくて物事を途中で放棄することもありますが、それも自由と個性を愛する射手座の一面なのです。

キーワード

- 自由人／のびやか
- 楽天的／ストレート
- スピーディー／邁進

山羊座

特性

本質は陽気ですが、真面目であろうとする努力家。目標に向かって着実に前進します。社交性には欠けるものの、堅実さで周囲から信頼されます。人からの感謝や賞賛でモチベーションが高まり、人間関係が壊れると落ち込みます。強い上昇志向で成功しますが、私的な時間を削るなど、何かを犠牲にする傾向があります。

キーワード

- 忍耐強い／本物志向
- 野心家／トーク下手
- 慎重／自他に厳しい

水瓶座

特性

フレンドリーで幅広い交友関係を築き、友人を大切にする星座です。論理的な思考ができるので、話すことに説得力があります。誰とでも親しみやすく接する一方、自分の生き方や価値観に関しては妥協せず譲らない頑固な一面も。型にはまらない自分流のやり方を持ち、ピンチのときにはそれを活かして幸運を招きます。

キーワード

- 天才肌／社交性抜群
- 英知／人を見抜く
- アイデア／独創性

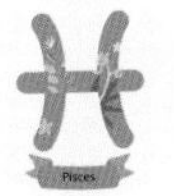

魚座

特性

ヒラメキやインスピレーションにすぐれると同時に、共感して人に寄り添うことができる星座。感受性が強くて情にもろく、周囲の人の影響を受けやすい一面も持ちます。論理的でないため、「気まぐれで扱いにくい」など、やや変人扱いされることもありますが、内面は人を優先する繊細なやさしさに満ちているのです。

キーワード

- あふれる愛／直感力
- 包容力／空気を読む
- 芸術好き／神秘的

10惑星

人のエネルギーを10種に分けたもの

ホロスコープを構成する重要な要素は「星座・惑星・ハウス」の３つです。ここからは、惑星の基本的な意味と、それが星座と組み合わさることでどんな意味を持つのかを見ていきます。

ホロスコープ上に配置される惑星は、「太陽・月・水星・金星・火星・木星・土星・天王星・海王星・冥王星」の10惑星です。実際には、太陽は恒星、月は衛星、冥王星は準惑星ですが、西洋占星術では「惑星」と呼びます。

各惑星は、人間のエネルギーや才能を10の側面に分けたものといえます。左ページのキーワードや、34ページ以降の各惑星の冒頭説明にあるのが、その基本的なエネルギーのあり方です。

前のページで見たような星座の基本特性に、各惑星が特有のエネルギーで働きかけ、特性を強調したり、抑制したり、コントロールしたりします。こうした惑星と星座との組み合わせが、人の本質や個性を形作り、運を左右し、人生を紡ぎ出します。

あなたのホロスコープに、10の惑星はどう配置されているでしょうか。惑星がホロスコープ全体に散らばっている人もいれば、ある範囲に集まっている人もいます。一定の集団から、２〜３の惑星がポツポツ離れている人もいるでしょう。惑星が集まっている位置によっても、まったく意味が違ってきます。こうしたホロスコープの特徴は、そのままあなたの本質や人生を示しているのです。

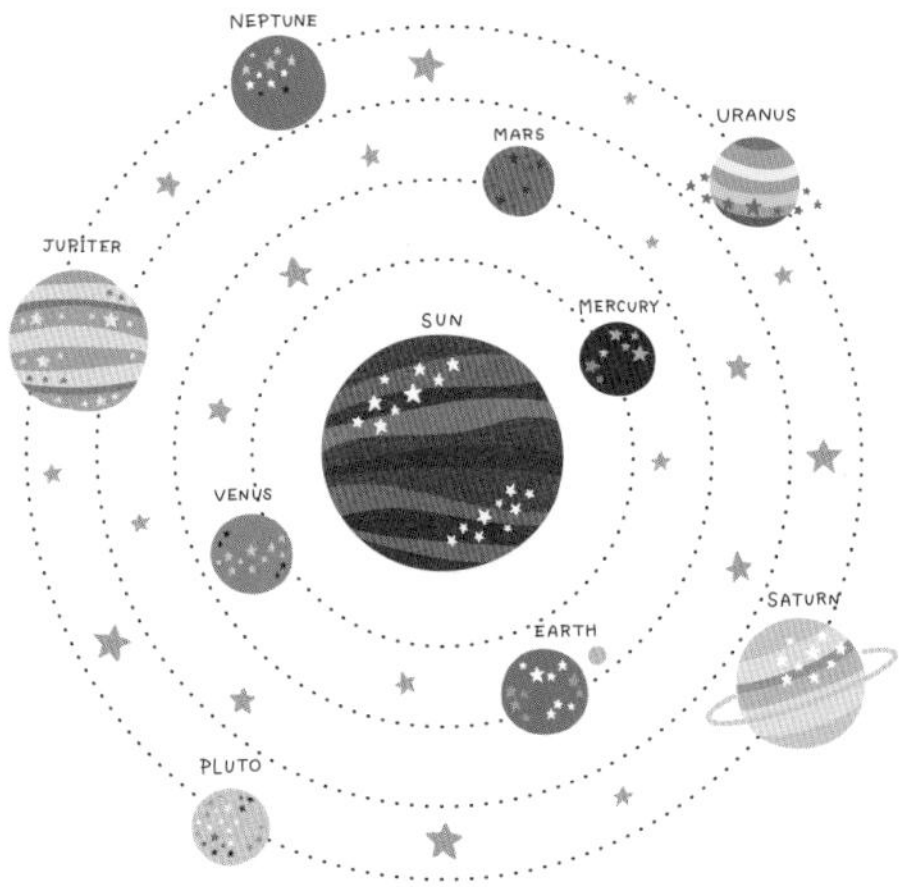

真ん中にあるか、境界線に近いかも重要

具体的な見方としては、太陽以下、10の惑星が、どの星座の位置にあるかを見ます。複数の惑星が同じ星座にある場合もあります。

惑星の近くにある数字は、星座の境界線からの角度によって「惑星の位置」を示したもので、0から29のいずれかとなります。星座の境界線はホロスコープの円の中心まで引かれておらず、惑星のマークが大きいと、2つの星座にまたがって見える場合がありますが、この数字を手掛かりに位置を特定できます。とはいえ、ほとんどのホロスコープ作成サイトは、星座と惑星の関係を表で示してくれるので心配はいりません。

惑星が星座の真ん中付近にあれば、「いかにもその星座らしい特性」が出ます。人生や生活は、基本的に順調で、得をすることが多くなります。

惑星が星座の境界線付近にあれば、双方の星座の特性が混じり合ったり、その人の中でぶつかったりして複雑なキャラクターを生みやすくなります。波風や苦難が多く、何かの危険をはらむ人生になりやすい半面、希有な体験をして成功したり、活躍したりすることも多くなります。

こうした境界線にかかわる傾向は、ハウスにもいえます（Q&A参照）。全体的に見て、星座やハウスの真ん中付近の惑星が多い人は、比較的穏やかで順調な人生、境界線付近の惑星が多い人は、波乱に富む人生を送る傾向があるわけです。

ただし、それは全体的な傾向であり、個々の惑星を見ていけば、さらに細かいことがわかります。あなたのホロスコープで各惑星がある星座をチェックし、それぞれの惑星のページで、当てはまるところを読んでください。

惑星キーワード

太陽	本質、生命力、根本的なエネルギー、活力、意志、自我、父性
月	本能、感情、感受性、生産性、保護する力、母性、記憶力、共感力
水星	知性、コミュニケーション力、表現力、進行力、商才、技術、向学心
金星	品性、美的センス、調和力、経済観念、論理性、適応力、思考力
火星	攻撃力、行動力、バイタリティー、闘争本能、決断力、自己主張
木星	社会的成功、発展性、ポジティブ、学力、運をつかむ力、正義感
土星	努力、試練を乗り越える力、野心、自制心、忍耐力、堅実さ、持久力
天王星	独創力、オリジナリティ、反骨精神、発想力、理論的、変化をもたらす力
海王星	芸術的、創造力、潜在能力、インスピレーション、神秘性、霊性、感性
冥王星	探究心、洞察力、度胸、集中力、破壊し再生する力、秘めた情熱、警戒心

太陽

その人の根源的な性格や傾向を示す

太陽は、「生命力」「エネルギー」「活力源」の象徴です。西洋占星術では、人の本質や基礎、根源的な性質を意味します。自分が「もともとどんな性格で生まれてきて、どう生きるのか」という人生の基本的な軸を表すのです。

太陽系の中心である太陽は、西洋占星術では「自己」の象徴でもあります。ホロスコープ上で太陽が位置する「太陽星座」が示す性格や傾向は、自分の根幹をなす部分なので、一生変わりません。

「自分がどんな人でありたいのか」「どのようになりたいのか」「どんな人生を目指したいのか」といったことには、なかなか納得のいく答えが出せなかったり、深く迷ってしまったりするものです。

そんなとき、自分が心から納得できる答えを出すために、太陽星座が役立ってくれます。

自分の太陽星座に書かれている記述の中に、現在の自分とは違うと感じる部分があったとしても、それをヒントに方向性をコントロールしていくことで、自分が心から喜びを感じ、安心できる人生に近づくことができるでしょう。

太陽の公転周期は約1年であるため、太陽は1つの星座に約1か月ずつとどまりながら、1年かけて12星座を巡ります。そのため、西洋占星術では毎月の運勢を見るときにも太陽を使います。

雑誌などで見るおなじみの12星座占いは、太陽星座をもとにしています。簡略化されているとはいえ、その人の本質や基礎を表すので、人生を好転させたり、リスクを回避したりする思わぬヒントが潜んでいる場合があります。

太陽が

牡羊座

勇気と決断力を持ち
新天地を求める開拓者

絶えず新しい世界を求めるパイオニアで、勇気と決断力があり、困難があっても果敢に立ち向かいます。喜怒哀楽を表に出し、ハッキリ自己主張するため、「わかりやすい人」「熱い人」などと評されます。正義感が強く、自然にリーダーになるタイプ。尽きぬバイタリティーの持ち主ですが、飽きたり、失敗したりすれば、あっという間に撤退する変わり身の早さも持ち合わせています。

太陽が

牡牛座

心地よさを求める
マイペースな芸術家

性格は穏やかでマイペース。変化や冒険より安定・安心を重視する慎重派で、何事も一歩ずつ着実に進めていきます。自分の好むグッズに囲まれた「心地よい暮らし」に喜びを感じます。五感が鋭く、美しいものやハイセンスなものを好む芸術家タイプ。おいしいものも好きで料理が得意です。人当たりがよい半面、頑固なところもあり、こうと決めたら譲らない芯の強さも持っています。

太陽が

双子座

向上心と好奇心旺盛で
コミュ力も高い知性派

知ること・学ぶこと・成長することが好きな知性派。好奇心旺盛、かつ流行に敏感で、世の中のトレンドをすばやく感じとるアンテナを持っています。知ったことを人に伝えたいという意欲も強いので、コミュニケーション能力にすぐれています。頭の回転が速く、何でも上手にこなしますが、持続力に欠ける面も。また、何かに強く惹かれるときも、どこか醒めた目を持つ二面性があります。

太陽が

蟹座

包容力豊かで家庭的
大切な人を守る人情派

世話好きで、いつも周囲の人のことを考える人情派。女性はもちろん男性も、人を包み込むような母性を持ち、感受性豊かで朗らかなので、人から好かれ、また頼られます。普段はそれほど積極的に動きませんが、自分が大切に思う誰かのためなら、驚くほどのパワーと行動力を発揮します。家族や仲間を守ろうとするあまり、身内の「敵」と認定した相手には激しく攻撃することも。

太陽が

天秤座

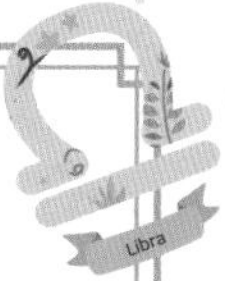

常に調和を重んじる ムードメーカー

すぐれたバランス感覚を持ち、周囲との調和を大切にし、常にその場の雰囲気をよくするムードメーカー。ふるまいは優雅でスマート、かつ明るくフレンドリーで、ほどよく自己主張もします。異なる意見がぶつかる場に居合わせると、双方の言い分を汲み取って公正な判断力で裁定し、説得力のある話術でその場を収めます。ただし、人の意見を尊重するあまり、自分の決断は遅れる場合も。

太陽が

獅子座

誇り高く華やかで 存在感あるカリスマ

エネルギーに満ち、華やかで圧倒的な存在感があるカリスマタイプ。プライドが高く自信にあふれ、堂々と自己主張をし、周囲もそれを認めて羨望のまなざしを向けます。トップの座に居続けるため、水面下では常に努力しており、そのことでも人から尊敬されます。注目されるポジションにいることで、より力を発揮できます。独立心が旺盛で、若い頃から自立を目指す傾向があります。

太陽が

蠍座

情熱を内に秘めた 神秘的な探求者

熱い情熱や激しい感情を内に秘めつつ、表面は物静かで本心を見せない秘密主義者。ミステリアスな雰囲気が周囲の人を魅了します。口数は少なく、社交的とはいえませんが、隠してもあふれ出す情の深さや真実を見抜く洞察力などが感じられ、多くの友人に囲まれています。強い探究心で狭く深く物事に打ち込む学究肌ですが、それが人への執着心になると、嫉妬深い一面を見せることも。

太陽が

乙女座

堅実かつ計画的に 物事をこなす実務派

洞察力、分析力にすぐれ、物静かで勤勉な実務派。自分に与えられた任務やノルマは、計画性を持ってきっちりこなします。自分の正しさに確信があり、人の誤りを認識したら明確に指摘します。クールなイメージですが、周囲の人にはやさしく接し、多くの人に好印象を持たれます。生活ぶりは堅実で慎ましく、無茶や浪費はしないタイプで、あくまでも自分のライフスタイルを貫きます。

太陽が

水瓶座

ユニークな発想で人を驚かせるアイデアマン

世の中の価値観に縛られず、ユニークな視点と発想で周囲の人を驚かせ、感心させます。変わり者と見られることもありますが、人当たりはよく、多趣味で話が面白く、物事の新しい観点を示す点でも人々の関心を集める人気者。ただし、家族にも友人にも、限度なく近づくことはなく、一定の距離感を保ちます。ときに自分の価値観を押し通す頑固な一面を見せてやや敬遠されることも。

太陽が

射手座

興味のままに行動し束縛を嫌う自由人

子どものような素直さと無邪気さで、自分の興味のままに動く自由人。好奇心旺盛で、仕事も遊びも全力で楽しみます。ルールや旧習に縛られるのが嫌いで、自分の信念ややり方を貫きます。快楽主義とは違って、興味を持てば学問や研究にも打ち込み、斬新なアイデアで発見や発明をすることも。半面、熱しやすく冷めやすいので、飽きてしまうと物事を途中で放り出すこともあります。

太陽が

魚座

すぐれた共感力で人を助ける博愛主義者

論理より感情を重んじ、温かく人に接する博愛主義者。弱者や困っている人には、常に手を差し延べます。共感力にすぐれて情にもろいので、人からの頼み事は断れず、流されて自己犠牲を払うことも。ヒラメキや直感をもとに行動し、気まぐれな人と思われる場合もありますが、身近な人はそれを含めて魅力と捉えています。芸術的センスにすぐれ、すぐれた作品を生み出す可能性も大。

太陽が

山羊座

野心を隠し持つ責任感の強い努力家

責任感の強い真面目な努力家で、冷静に物事を判断します。行動は控えめで古風な雰囲気を漂わせていますが、内面には野心と誇りを持ち、目的の達成に向けて決して諦めないエネルギーを秘めています。ただし、その特性やパワーが発揮されるには時間がかかる典型的な大器晩成型。人からの評価に喜びを感じ、評価されないと落ち込みます。不要なものは容赦なく切り捨てる冷徹な一面も。

月

刻々と変わる感情や「素の自分」を表す

ふと夜空を見上げれば、私たちは無意識に月を探すことが多いもの。地球の最も近くにある月は、私たちに多くの影響を与えています。ホロスコープでも、月は太陽と並ぶ重要な惑星として扱われています。

月は、約27日で12星座を巡り、1つの星座に2～3日ずつ滞在します。満ち欠けしながら速く移動することから、めまぐるしく変わる感情や気分を示します。太陽がその人の揺るぎない本質や根源的性質を表すのと対照をなしています。

人は、どんなときも変わらない自分を持ちながらも、環境や日々の出来事によって揺り動かされてさまざまな感情が湧きあがり、ときにはそれに振り回されます。太陽星座が変わらない自分を表すのに対し、月星座は日々変わりゆく感情面を表すのです。しかし、日々変わる感情面にこそ、本当の自分を知る重要なヒントが隠れていることもあります。

太陽が社会的な自分、表の自分を示すのに対し、月は1人でいるときや親しい人にだけ見せる素の自分を示す点でも両者は対照的です。

太陽星座と月星座の示す性質や特性が似通っている場合、その人は「裏表なく素の自分で生きている人」と解釈できます。素直で潔い人とも表現できるでしょう。

両者が大きく違っている場合は、社会的に見える顔と素の自分に隔たりがあることを意味します。必ずしも悪い意味ではなく、そのことが深みのある人格や人間的な面白みにつながることも多いのです。

西洋占星術では、幼少期は太陽星座より月星座の影響が強いとされ、大人になってからも、幼少期の影響が月星座に出るとされています。

月が

牡羊座

率直に感情を示し
行動する熱血漢

考えるより前に行動し、自分のやりたいことに向かって突き進みます。感情の起伏が激しい熱血漢タイプで、しかもそれを隠しておけず、率直に表に出します。そのため、失敗や人との衝突も多いのですが、ポジティブに捉えて引きずることはなく、周囲もそのことを理解しています。
グループの中では自然にリーダー格となり、男性なら親分肌、女性なら姉御肌ぶりを発揮して慕われます。

月が

牡牛座

人をホッとさせる
温厚なのんびりキャラ

のんびりした温厚な性格で、「そばにいるだけでホッとする人」と評されます。感情や気分の変化は少なく、安定していて、地に足がついた静かな生活を好みます。人と争うことは少ないうえ、他者から向けられた悪意に気づかないこともあるほど、おっとりしています。しかし、めったに怒らないだけに、本気で怒るとなかなか相手を許さないという芯の強さと頑固な面も持っています。

月が

双子座

サービス精神旺盛で
話術で人を惹きつける

新しいことや面白いことが好きで流行に敏感。サービス精神が旺盛で、ノリのよい会話で人を楽しませ、自分も楽しみます。話術に長けて明るく、人を惹きつける一方で、本心をストレートには出さないため、「何を考えているかよくわからない人」といわれることも。移り気で、さまざまな物事に興味を持ち、それらを器用にこなしますが、落ち着きのない印象を与える場合もあります。

月が

蟹座

豊かな感受性を持つ
最高の気配り上手

感受性豊かで、人の言動に敏感に反応します。人に対してきめ細かい気配りができ、さまざまなシーンで面倒見のよさを発揮します。愛する人を守りたいという気持ちが強く、あたたかい家庭的な雰囲気をたたえています。半面、人の気持ちに敏感に反応し過ぎて自己犠牲も厭わないため、精神的に疲弊する場合も。自分の親切を受け入れない相手に対しては、感情的になることもあります。

月が

天秤座

協調性とバランス感覚で相手を推し量る

バランス感覚にすぐれ、感情的に安定しています。協調性が強く平和志向で、相手の気持ちを読んで好みに合わせることができます。そのため、誰とでもすぐ友達になれ、そつなくつき合うことができ、交渉ごとも得意です。ただし、この特性が強く出過ぎると、「八方美人」「日和見主義」と見られてしまう場合も。ときには、自分の本当の感情と向き合い、それを優先することも大事です。

月が

獅子座

ゴージャスなものや人前に出るのが好き

エネルギッシュな自信家で、華やかな存在感があります。基本的に細かいことは気にせず、おおらかにふるまいますが、自分のプライドを守ることに関しては神経質なほど気にする場合も。ゴージャスなものを好み、気前もよい半面、注目を集められないときや周囲から認められないときには、すねてしまう子供っぽさも。人前に出ることが好きで得意なので、芸能活動にも向いています。

月が

蠍座

クールに見えるが情熱を内に秘めている

熱い情熱や激しい感情を持ちながら、普段はそれらを自分の胸に押し込めて蓋をしています。そのため、一般的なつき合いの相手からはクールな人と見られますが、深くつき合った相手や家族には、喜怒哀楽をさらけ出し、感情豊かな人と認識されます。特に、嫉妬や劣等感などを見せるのは心を許した相手だけです。洞察力があって勘が鋭いので、嘘や隠し事はすぐ見破ってしまいます。

月が

乙女座

常に相手を推し量るナイーブな心の持ち主

冷静かつ論理的・合理的に物事を考えられる一方、ナイーブな心の持ち主でもあります。細かいところまで気が回り、相手の気持ちを推し量って行動しようとします。よく気づくゆえに、批判的な言葉や皮肉っぽい言葉を口にして嫌がられる場合も。先を予測して動き、自分も周囲もリスク回避ができる半面、余計な心配をし過ぎてストレスになったり、運を逃したりする場合もあります。

月が

水瓶座

風変わりな言動が人を惹きつける魅力に

気さくで友好的ですが、深刻な話にジョークをはさんだり、急に違う話題を持ち出したりと、予測不能な行動で周囲を戸惑わせます。「捉えどころのない風変わりな人」と見られますが、それが魅力にもなって人を惹きつけます。感情のコントロールが上手で、悩みなどは自分の中で完結させます。特定の人と親しくするより、自由と自立を重んじる仲間同士で楽しむことを好みます。

月が

射手座

ストレートな感情表現をして束縛を嫌う

明るくおおらかで、いつでもストレートに感情表現をします。そのため、ときによって上機嫌だったり、不機嫌だったりする気分屋となり、周囲の人を振り回してしまうことも。細かいことは気にしないサバサバしたタイプですが、率直過ぎる物言いが誤解を招いたり、粗野な印象につながったりする場合もあります。親密な相手でも束縛を嫌い、特にプライベートでは自由を求めます。

月が

魚座

人の感情に同調する心やさしい癒やし系

ピュアな感性を持ち、物事のいい面、美しい面だけを見て感動するタイプ。それだけに、些細なことで傷つき、落ち込むことがあります。人の気持ちや感情に同調しやすく、悩みやストレスを抱える人からは「癒やし系」として頼られがち。悩みを聞いているうち、自分が深く悩んだり、落ち込んだりすることもあるので注意。自分の感情と人の感情を切り分けて捉えることも大切です。

月が

山羊座

本来は豊かな喜怒哀楽を理性でセーブ

本来は豊かな感情を理性で抑え、喜怒哀楽のリアクションも控えめにして、人に気づかれにくくしています。感情が動く前に頭を使って論理的に解決しようとするため、やや冷たい印象を与えることもありますが、親しい人の前ではリラックスして本来の感情をのびのびと出します。もともと人見知りで、とっつきにくいと思われがちですが、心を許すと“天然ボケ”の一面を見せることも。

水星

言葉や思考を司り合う職業もわかる

太陽系の惑星のうち、太陽に最も近いところを運行しているのが水星です。そのため、ホロスコープでは太陽から28°以上離れることなく、常に太陽の近くにいます。

また、西洋占星術の惑星の中では、水星は月の次に公転速度が速い小さな惑星です。水星の公転周期は約88日で、1つの星座に約2週間、長い場合は1か月ほど滞在します。そのため、毎週の運勢や毎月の運勢を見るのに用いることができます。

また、水星は年に3回ほど「逆行（Q&A参照）」する時期があるのも特徴です。実際に軌道が逆になるわけではないのですが、地球との位置関係によって、逆行しているように見える時期があるのです。西洋占星術では、水星が「逆行」している時期には、水星の司る事象が不安定になりやすいと判断します。

その速い動きにより、水星は、絶えず変化する「思考」や人と人の間でやりとりされる「言葉」などを司ります。具体的には、思考力、コミュニケーション力、表現力、学習力、連絡、物事の進行などを意味します。

水星がどの星座の位置にあるかで、思考力やコミュニケーション力、表現力などの傾向がわかります。そこから、職業的な才能や適性も読み取ることができます。

水星が逆行している時期には、物事の進行に支障が起きたり、連絡ミスや言葉の行き違いからの誤解が生じたり、コミュニケーションがうまく行かなかったりというようなトラブルに注意する必要があります。また、逆行は、時間をさかのぼることの象徴でもあるので、その時期には「過去」「再会」などに関する事象も起こりやすいとされます。

水星が

双子座

トレンドに敏感
話し上手でスピーディ

言語能力が高く、いつも頭の中に多くの情報やアイデアがあり、的確にそれを表に出します。話上手で、その内容は次々に新しい話題に移り、聴いている人を飽きさせません。仕事や作業はスピード重視のため、ケアレスミスもありますが、全体的には高く評価されます。トレンドを読む力に優れ、広く浅い人付き合いが得意なので、商売や広告関係、広報、営業などの仕事に向いています。

水星が

牡羊座

早口でせっかち
思うままを口に出す

頭の回転が速く、話し方は早口でせっかち。自分の思うことをハッキリ言葉に出しますが、それを嫌がられることは少なく、多くの場合は「サバサバした気持ちのいい人」「自分に正直でいつも真剣な人」などと評されます。わかりやすい目標を定めてチャレンジすることで実力を発揮でき、満足感を得られます。企画、広告、マスコミ関係の仕事に向くほか、営業職でも活躍できます。

水星が

蟹座

表現力が豊かで
感情に訴える力を持つ

要領よく仕事や勉強をこなし、特に目上の人に評価されます。表現力が豊かで、自分の考えや物事の目的を、適切に周囲に伝えることができます。感情に左右されやすく、論理的な思考が苦手な一面もありますが、自分の特性を活かせれば、人の感情に訴えることで交渉を成功させ、支持者や協力者を増やせます。看護師、保育士、セラピスト、介護士など、人をケアする仕事に向きます。

水星が

牡牛座

スローペースで
着実に実績を積む

おっとりした話し方で、行動はスローペース。人当たりがよく友好的ですが、ここぞというときは、絶対に自分を曲げない頑固さを見せます。仕事や勉強では、目立つ動きはしないものの、時間をかけて着実に実績を積み上げます。礼節を重んじるので、周囲の厚い信頼を得て、粘り強さで交渉ごとも成功させます。大器晩成型で、研究者や作家、職人、さまざまな分野の専門家に向きます。

水星が

天秤座

穏やかな話術で
相手の心をつかむ

ゆっくり穏やかな話し方で相手の心をつかみ、また相手の気持ちを汲み取って話せます。周囲に信頼され、誰とでも上手につき合える社交家。人との適度な距離感を保ってつき合えるので、心地よさを感じさせる半面、「本音を見せない人」という印象を与えることも。仕事では要領がよく、合理的で交渉術にも長けているので、外交、営業、弁護士、バイヤー、カウンセラーなどに向きます。

水星が

獅子座

威厳ある話し方をする
親分肌・姉御肌

よく響くハッキリした声で話し、威厳を感じさせます。注目を浴びるのが好きで、カリスマ性の強い指導者タイプ。ルーティンの作業が得意な半面、臨機応変さには欠ける部分もあります。親分肌・姉御肌で、面倒見はよく、周囲から頼られるリーダーですが、組織のなかで思うように認められない場合は、一匹狼の道を貫くことも。教師、講師、俳優、タレントなどに向いています。

水星が

蠍座

話し方は冷静で客観的
粘り強い交渉力を発揮

集中力と探究心が強く、冷静で客観的な話し方をしますが、ときに激情的な話し方に変わることも。好き嫌いがハッキリしており、少人数の人と深く濃密につき合うことを好みます。仕事では１つの任務を黙々とこなし、普段は物静かですが、いざというときは粘り強い交渉力を発揮することも。心理学や精神医学の専門家、司法書士、探偵、芸術家などに向いています。

水星が

乙女座

観察力・分析力が高く
真面目な完璧主義者

物事を計画的に間違いなくこなすのが得意。真面目で義理堅く、組織では進行役や書記的な役割が向き、それを務めることで周囲から評価・感謝されます。完璧主義で自分の仕事をしっかりこなす分、人のミスが気になって責める場合も。他者への寛容な態度も身につけると、評価がさらに高まるでしょう。観察力や分析力にもすぐれ、研究職、作家、コピーライター、秘書などに向きます。

水星が

水瓶座

捉えどころのない独特の話し方が魅力

言葉の選択や話し方が独特で魅力的。話の途中で急に新しい話題を出したり、怒るかと思うと笑い出したり、黙り込んだりして、捉えどころがありません。一緒にいると振り回されつつも、面白く刺激的なので、人が集まります。それほど努力しなくても、何でも器用にこなして職場で重宝されます。研究職やゲーム作家、漫画家、エンジニア、画家、ミュージシャンなどに向いています。

水星が

射手座

豪快な話し方と率直さで誰とでも友達に

高い知性と教養を備えていますが、話し方は豪快でストレート。社交辞令は苦手ですが、率直さが評価されて、誰とでもすぐ仲よくなれます。思ったことを口にするので、相手を傷つける場合もありますが、本音でつき合える人と評価されます。文章力にもすぐれ、語学関係の教師、記者、作家などに向きますが、単調な仕事や縛られる職場は苦手で、転職を繰り返す傾向も。

水星が

魚座

フィーリングに訴える話し方で人を魅了

フィーリングや感情に訴える話し方と、人懐っこい言動で人を惹きつけます。人を支えたい・助けたいという気持ちが強いために、周囲の人から頼られる一方、人の意見に流されて言うことや態度が変わることも。しかし、根底にあるのが人への愛情や親切心であることは周囲も理解していて好意的に見られます。飲食業、サービス業、医療・福祉関係、カウンセラーなどに向いています。

水星が

山羊座

口数は少ないが秘かに闘志を燃やす

口数は少ないのですが、洗練された社交術で巧みにコミュニケーションを取ります。友人は少ないながら、人気があります。ただ、口に出す言葉が辛辣過ぎて敬遠されることも。一見、そう見えないのですが、実はプライドが高く負けず嫌い。秘かに闘志を燃やし、努力して勝負に勝とうとします。計画的で実務能力が高いので、システム管理、経営、不動産、公務員、農業などに向きます。

金星

愛と美の象徴で恋愛・金銭運を示す

夜空でひときわ明るく輝く金星は「明けの明星」「宵の明星」ともいわれ、古来、愛と美のシンボルとされてきました。ギリシャ神話ではアフロディーテ、ローマ神話ではヴィーナスという美と愛を象徴する女神の星とされます。

このことからもわかるように、金星は愛と美の象徴で、芸術や品性、装飾など、美しさにかかわるものを示します。愛につながる「異性」「恋愛関係」「子孫繁栄」などの意味も持ちます。さらに、調和、バランス、平和なども表します。

また、「人生の楽しみや快楽」を意味するため、そこから金銭感覚や財運を示す惑星でもあります。

金星は、水星と並んで太陽の近くを運行し、ホロスコープ上でも太陽からあまり離れません。公転周期は約225日で、1つの星座に1か月近く滞在します。そのため、西洋占星術では毎月の運勢、なかでも恋愛運と財運を知るのに使います。

「どんな美意識を持つか」「見たり聞いたり、触れたりしたときに強く惹かれるもの」「好きな趣味や遊び」「恋愛の対象となる好みの異性」「金銭感覚や財運」「向いているお金の稼ぎ方」などがわかります。逆に、「自分の美意識に反すること」や「嫌悪すること」なども示します。

金星は、およそ1年半に1回、40日ほど、地球から見ると逆行するように見える時期があります。その時期には、愛情や美、お金に関することに、見込み違いやトラブルといったネガティブな動きが出やすくなるので要注意です。

また、逆行の時期には、過去の恋愛関係や恋愛感情が再燃しやすいという特徴もあります。

金星が

牡羊座

情熱的な恋愛をし
相手に大胆に迫る

　情動的かつ情熱的な恋愛をすることが多く、自分の気持ちを抑えきれないこともあります。好きな相手には大胆に迫り、その結果として恋が成就することに大きな喜びを感じます。好き嫌いがハッキリしていて、好きな異性のタイプも明確。お金の使い方も激しく、衝動買いをしたり、惜しげなく人に奢ったりしますが、金銭運が強く、使った分のお金が思わぬことから入ってきたりします。

金星が

牡牛座

恋愛は長く続き
つき合い方は誠実

　一緒にいて安らげる相手を好み、恋愛はスローペースですが長く続きます。一度好きになると誠実につき合いを続け、浮気は好みません。その分、恋愛相手にも誠実さを求め、執着心を見せたり、何でもない異性といても嫉妬心を抱いたりすることも。普段はしっかりした金銭感覚を持っていますが、自分の好きなものを入手するためには、思い切ったお金の使い方をすることもあります。

金星が

双子座

美しい愛の言葉で
相手を惹きつける

　洗練された雰囲気を持ち、恋愛では相手を美しい愛の言葉で惹きつけます。新しいものが好きでトレンドに敏感。流行のものをすばやく手に入れることに喜びを感じ、それによって運もよくなります。面白い会話で人を飽きさせず、異性に限らず同性にも人気があります。それだけに出費はかさむことが多いのですが、天性の財テクの才能があり、それを駆使すればお金には困りません。

金星が

蟹座

世話焼きで心配性
恋愛相手を甘やかす

　流行のものより、伝統のあるものや古風なものを大事にします。恋愛面にもその傾向が出るため、恋愛を結婚に結びつけて考えやすいタイプです。男女問わず母性が強く、家庭的で温かい雰囲気を持ち、日々の衣食住を大切にして充実させたいと考えます。世話焼きで心配性の面があり、恋愛や結婚生活でも相手を甘やかす傾向があります。金銭面では節約家で、貯金や財産形成が得意です。

金星が

天秤座

洗練されたスマートな恋愛を楽しむ

スマートで洗練された恋愛を好み、相手にのめり込むことはしません。プライドの高さがじゃまして、愛する人に素直になれないこともありますが、そういう面も含めて魅力的に見られます。お金がかかってもセンスのよいものや心地よいものを選び、それを一緒に楽しめる相手を求めます。交際費がかさみますが、その分、稼いで貯蓄もできるタイプ。異性がもたらす金運にも恵まれています。

金星が

獅子座

ドラマチックな恋愛を好む盛り上げ上手

愛情表現は派手で、ドラマチックな恋愛を好みます。デートは念入りに演出し、サプライズを用意して相手を喜ばせ、自分も楽しもうとします。ブランドものやゴージャスなものが好きで、自分が持つとともに恋人や配偶者にもよく贈ります。遊び方が豪快で盛り上げ上手。つき合いや飲食にお金をかける浪費家ですが、その気になったら、着実に貯金して大金を貯めることもできます。

金星が

蠍座

強い結びつきを求め濃厚な恋愛に発展

恋愛では心身の強い結びつきを求め、一途に相手を思うので、濃厚な恋愛に発展する場合がある一方、「重い」と感じられてしまう場合も。自分が真剣に情熱的に愛する分、相手にも同じようにして欲しいと望みます。独占欲が強く、相手をコントロールしたがり、そのことが２人の間に亀裂を生むことも。金運はよいときと悪いときが両極端で、遺産などで大金が入る可能性もあります。

金星が

乙女座

恋愛の相手選びに慎重になり過ぎる

恋愛相手の理想が高く、現実とのギャップが大きくて、恋愛が成就しにくい傾向があります。自分に合う相手を選ぼうとして慎重になり過ぎる面も。恋愛相手への言葉は控えめですが、態度は誠実なので、成就した恋愛は長続きするでしょう。ただし、つき合いが長くなると、分析的・批判的な性格がケンカの種になることも。金銭面ではコツコツと貯蓄し、上手に運用して増やします。

金星が

水瓶座

友人関係から恋愛に発展することが多い

男女の友人関係から恋愛に発展することが多いタイプ。面白いこと、楽しいことが大好きで、それを共有できる人を好みます。同じ趣味がきっかけで恋愛が始まることも。親密になっても束縛されることを嫌うので、自由を認めない相手とは長続きしにくいでしょう。お金の管理は大雑把ですが投機の才能があります。楽しく効率よく稼ごうとし、収入はそのときどきで大きな変動があります。

金星が

射手座

オープンにつき合う自由奔放な恋愛

遊びの達人で、恋愛は自由奔放。好きな相手にはストレートに告白し、オープンで明るいつき合いをしますが、移り気で、つき合いは長続きしにくい傾向があります。ふられたり、恋愛関係が壊れたりしても、あっさり諦めます。自由主義で、自分が束縛しない分、相手にも束縛されたくないと考えるタイプ。お金に関してはルーズで、管理や見通しの甘さから大損する危険性があるので注意。

金星が

魚座

好きな相手には献身的に尽くす

好きになった相手には深い愛情を注ぎ、恋愛にどっぷり浸るタイプ。情にもろく、恋愛相手には献身的に尽くします。そのためにだまされることも多いので要注意。恋愛に夢中になり、自分を見失って流されることも。恋愛中は、特に意識してしっかり自分を保つことが大切。金銭面は管理能力が低く無頓着。思いつきで使って経済面が不安定になりやすいので管理能力を養いましょう。

金星が

山羊座

真面目で地味な恋愛スタイル

恋愛スタイルは真面目で地味。奥手で慎重に相手を選びます。疑い深い面があり、愛の言葉をささやかれても簡単には信じません。その分、恋愛の成立には時間がかかりますが、真に誠実な相手なら、深く結びついた関係になれて長続きします。一方、何かの機会に吹っ切れると、いたってドライに打算的な恋愛や結婚ができる場合も。金銭面は堅実で経済観念にすぐれ、貯蓄に向く倹約家。

火星

夜空に赤く輝く戦いのシンボル

火星は、惑星の色が血を思わせる赤で、不吉な雰囲気を感じさせるところから、「戦い」のシンボルとされています。火星の記号は、戦いを示す槍と盾を表現しています。ギリシャ神話ではアレース、ローマ神話ではマルスを象徴する星で、どちらも「戦いの神」です。

古来、「争い」「トラブル」「事故」「武器」「刃物」「災難」などを意味する凶星とされてきた火星ですが、実は不吉な星というわけではありません。「勇気」「闘争心」「行動力」「バイタリティー」「冒険」など、人生における重要なものを表しています。

人生のなかで、さまざまなものと戦わなければならないとき、決断して行動すべきとき、勇気を出さなければならないときなどに、どのようにそれらを発揮できるかが、火星の位置でわかるのです。

その人が「どんな種類の闘争本能を持っているか」「勝つためにどう動くべきか」「決断や行動のタイミング」なども、火星の位置が示してくれます。

また、男性のホロスコープでは「女性への愛情の傾向」、女性のホロスコープでは「男性への愛情の傾向」も表しています。

火星の公転周期は約６８７日で、1つの星座に2か月弱滞在します。そのため、毎月の運勢、特に勝負に出るタイミングや恋愛運、健康運などを見るのに使われます。

火星は2年に1度くらい、60日程度、地球から見て逆行するように動きます。この間は、短絡的になったり、衝動的になったりすることがあり、過去の行動を振り返るような出来事が起こるとされています。

火星が

牡羊座

瞬発的な行動力で戦いを仕掛ける

「考えるより前に動く」というほど、瞬発的な行動力を持っています。スピードがある分、ミスも多いのですが、すばやさと積極性では誰にも負けません。その行動力で、必要な時はすばやく闘いを仕掛けます。

一方、勝てない勝負には、最初から興味を示さない面もあります。スポーツは得意ですが、持久走は苦手。健康面では、体力が落ちると、顔や頭部に悪影響が出やすいので注意。

火星が

牡牛座

攻撃されるとただちに反撃する

防衛本能が強く、自分や自分のテリトリーが干渉されたり、攻撃されたりすると、ただちに反撃します。ただ、相手から仕掛けられない限り、自分から攻撃することはありません。普段は落ち着きがあり、怒りを表に出さないのですが、腹立たしい出来事が重なって限度を超えると激怒します。一度決めたら、スローペースながら諦めずに突き進み、事をやりとげる粘り強さも持っています。

火星が

双子座

鋭い言葉による反撃で相手を瞬殺

攻撃されても正面から反撃はせず、スルリとかわしたり、ジョークで流したりします。頭の回転が速く、気のきいた皮肉や嫌味で、相手を瞬殺するような言葉による反撃はすることがありますが、もともと攻撃性を持たないタイプなので、自分から攻撃することはまずありません。本気で怒ると、攻撃する前に、スッパリと関係を断ち切る非情な一面も。健康面では、自律神経の不調に注意。

火星が

蟹座

鉄壁の防護本能で自分や家族を守る

まさに蟹の甲羅のような鉄壁の防衛本能を持っています。自分や自分の家族、親しい人を守るために、いつも警戒しています。自分から攻撃することはありませんが、身内に危害を加える者は敵と認定して激しく攻撃します。そんなときには、理屈は抜きに感情をあらわにし、恐ろしいほどの怒りをぶつけてきます。心配性のため、健康面では胃が弱点。ストレスで太りやすい一面も。

火星が

天秤座

正義感をもって
論争を仕掛ける

攻撃性は弱く、怒りの感情をあらわにすることはめったにありません。攻撃するような関係になる前に、対人関係の維持に力を注ぐタイプです。たまに正義感ゆえに、他者に論争を仕掛けることはありますが、そんなときも自分なりの美学を持って、バランス感覚を保ちながら話します。相手の意見も尊重しながら論争するので、険悪なムードにはなりません。健康面では、腰や腎臓の不調に注意。

火星が

獅子座

常に戦いに備え
無謀な戦いにも挑む

組織やグループの長として、常に戦いに備えています。いざというときは、賛同者を集めて精鋭部隊を作り、それを率いて敵陣に乗り込むことも。自信家で自分なら勝てるという確信があるので、無謀な戦いにも挑みます。組織やグループ内で賞賛されると、ますますやる気になって身内を守ります。味方につけると頼りがいがあり、敵にすると怖いタイプ。健康面では心臓や血圧に注意。

火星が

蠍座

抜群のスタミナで
粘り強く戦い続ける

むやみに自分からは攻撃しませんが、自分の美意識や価値観を批判する人、自分のテリトリーに土足で踏み込む人には激しく攻撃します。スタミナとエネルギーがあるので、いったん敵と見なして攻撃を始めると、相手が負けを認めて退くまで、粘り強く続けます。自分がダメージを受けても回復力は高く、敵に回すと嫌なタイプといえます。健康面では生殖器が不調になりやすいので注意。

火星が

乙女座

得意な頭脳戦で
相手のメンタルを攻撃

自分から攻撃することは少なく、人とケンカする時間があるなら、自分の仕事や趣味に打ち込みたいと考えるタイプ。日頃からこまめに他者への批判はしていて、それが一種の防衛機能を果たしています。ただ、自分のテリトリーが侵されたと感じたら、明確に攻撃します。頭脳戦を好み、相手のメンタルに打撃を加えるような戦い方をします。健康面では、胃腸などの消化器系が弱点。

火星が

水瓶座

価値観を塗り替える ための戦いに挑む

古い価値観や自分が無意味だと思うルールなどを嫌って、それらを壊す戦いを仕掛けます。上司や年上からは「反抗的で扱いにくい」と思われやすい半面、「旧習を排除する勇敢な人」と見られることも。他者に戦いを仕掛けると同時に、自分のなかでも内なる戦いをしていて、常に自分のなかの古い価値観を壊して、自分を高めようと努力しています。健康面では血圧の管理を忘れずに。

火星が

射手座

きっかけがあると 感情的に人を攻撃

何かのきっかけがあると、急に感情的になって人を攻撃します。特に、自分の自由が奪われたり、何かを強制されたりすると怒りを爆発させます。普段は、自分が不快に思うことも含め、気持ちを率直に相手に伝えるので、サッパリした人と見られやすいタイプ。肉体的にパワフルなので、攻撃性をスポーツで昇華させれば、すぐれた運動選手になります。健康面では、足腰のケガに注意。

火星が

魚座

守るべき大切な人の ために静かに闘う

攻撃性は弱く、「人を傷つけたくない」「自分も傷つきたくない」と思うタイプ。ただし、自分が守るべきだと思う家族や仲間から保護を求められたら、その人たちを守るためには戦います。といっても激しい戦い方ではなく、闘志を内に秘め、静かな戦いを挑みます。直観で相手の弱点を把握し、そこをジワジワと攻めます。健康面では、神経が疲れやすいので、ストレス解消が大切。

火星が

山羊座

闘争本能が強く 緻密な頭脳戦をする

一見、そう見えませんが、闘争本能が強いタイプ。力で争わず、綿密に計画した頭脳戦を仕掛けます。相手の弱点をつかみ、最適なタイミングで考え抜いた攻撃をします。自分自身のための戦いより、誰かの参謀となったとき、よりこの能力が発揮されます。あからさまにはしませんが、隠れた野心を持ち、出世争いでも頭脳を使って勝利します。健康面では、関節や皮膚のトラブルに注意。

木星

拡大や成長をもたらす太陽系最大の惑星

木星は、太陽系で最も大きな惑星で、直径は地球の約11倍、体積は約１３２０倍にも及びます。

気体でできた巨大ガス惑星で、地球からは肉眼でもはっきり明るく見え、重厚さを感じさせることから、ギリシャ神話では全知全能の神・ゼウス、ローマ神話では主神・ユーピテルの惑星とされます。

西洋占星術の発祥の地であるバビロンの神話でも、木星は、天界の最高指導者である神・マルドゥクを象徴する星とされていました。

その大きさから、古来、木星はさまざまなものを発展、拡大、成長、増殖させ、幸運や成功をもたらす吉星と考えられてきました。拡大というキーワードから、限界を打ち破って、新しい世界を体験する「冒険」も意味します。

ただし、努力しないまま幸運にあぐらをかいていると、逆に悪いものを拡大させ、傲慢、甘え、過労、過食、肥満などを招く凶星にもなり得るので注意が必要です。

また、木星は、社会との関わり方を示し、社会やグループ内でのポジション、成功を果たすためのカギなども意味しています。木星の位置でわかるポイントに気をつけることで、社会生活や人間関係がスムーズになるでしょう。

木星の公転周期は約12年で、１つの星座に約1年間滞在します。およそ1年ごとに12星座を移っていくので、年単位の運勢を見るのに重要とされています。

木星は1年ごとに約１１０日程度、地球から見て逆行して見えます。その間は発展や成長のスピードが落ち、現状維持をしながら次の成長に向けた準備をする時期とされます。

木星が
牡羊座

強いチャレンジ精神で 新しい分野に挑む

牡羊座の自我の強さが木星によって拡大し、自信にあふれると同時に寛容さも発揮できます。チャレンジ精神が高まり、新分野に挑み続けることで幸運をつかめます。勝負運も強く、それを活かすことで社会で活躍できます。自分でチャンスだと感じることがあれば、臆さずやってみることが大切。早めに独立・起業したり、人が目をつけない分野を開拓したりするのが成功のポイント。

木星が
牡牛座

良質なものをそろえた 生活に幸福を感じる

現実的な世界での快楽を求める牡牛座の特性が、木星によって強まります。そのため、家の中や自分の周囲に、良質なものを取りそろえ、それによって至福を感じます。強く富を求めるタイプではありませんが、着実に貯蓄できるので、しっかり貯めては、自分の生活を充実させるための品物に惜しげなくお金を使います。自分のセンスを大切にすることが、社会的成功にもつながります。

木星が
双子座

知識欲が旺盛で 情報を集め人に伝える

双子座の持つ知的な面が木星によって拡大し、もともと持っているセンスが最大限に発揮されます。知識欲が旺盛で、情報をすばやく集め、それを人に伝える力にすぐれています。ユーモアを交えながら、洗練された会話で人を楽しませます。斬新なアイデアを生み出すのも得意。苦労があっても、それをサラリと楽しみにかえます。自分の好きなことを続けるのが、社会的成功の秘訣。

木星が
蟹座

ピンチが訪れたら 家族が強力にサポート

家族や身内に対する保護本能が強く発揮されます。身近な人と堅い絆で結ばれているので、ピンチが訪れると、家族や身内が強力にサポートしてくれます。社会的には、目上の人からかわいがられ、よいポジションを手中にできます。恩を忘れずに尽くすことで、ますます幸運に恵まれます。男女問わず、家庭的・女性的な視点やスキルを大切にして活かすことで成功しやすくなります。

木星が

天秤座

人をつなぐ役目をするのが成功の秘訣

社交性や人との交際が幸運をつかむ秘訣。人と人をつなぐ役目を果たしたり、多くの人と接したりすることで、自分の脳力を最大限に発揮できます。仕事でもプライベートでも、人を紹介したり、相談を受けたりすることが成功の秘訣になります。

人といるのは苦にならず､その状況を楽しむことができます。逆に１人で孤独にしていると運を逃すことも。仕事も誰かと組むのがお勧めです。

木星が

獅子座

仕事や趣味で活躍し世間の注目を集める

華やかで目立つという獅子座の特性が強まり、仕事や趣味で活躍して、広く世間の注目を集めます。臆さずに自己アピールをすることで、世の中の人々に夢や希望を与えることができ、自分自身も充実した人生を楽しむことができるでしょう。さまざまな役職や名誉職を引き受け、それぞれの場所でしっかり役目を果たします。大きな事業や企画に関わるのが社会的成功のポイント。

木星が

蠍座

得意な何かに打ち込むことで運が開ける

少ないチャンスを見事に活かし、自分にとって最高の幸福を手にします。いろいろな分野に手を出すのではなく、１つの得意なことに打ち込むのが成功の秘訣。そうすれば、社会で継続的に活躍できるでしょう。特に、人間の運命や生死、神秘性、潜在意識などに関して、自分なりの見解を持つことが多く、それらに関連する分野を追求していけば、大きな活躍の機会がつかめるでしょう。

木星が

乙女座

向上心を活かしてチャンスをものに

もともと持っている堅実さや自分を磨く向上心を活かすことが、大きな成功につながります。華やかな成功ではないものの、目の前に現れたチャンスを確実にものにすることで、安定した収穫が得られます。

段階的にスキルや地位を高めていき、気がつくと重要なポジションにいるというタイプです。独立するより、会社や組織の中で役目を果たすことで真の実力が発揮できます。

木星が

水瓶座

独創性と型破りな発想が成功に導く

社会に合わせるより、自分の独創性を大切にして、型破りな手法で勝負したほうが成功するタイプ。手法を批判されることもありますが、それを気にして萎縮すると、運の上昇が抑えられ、活躍の場を失いかねません。自信を持って進むことで、画期的なものを生み出して社会貢献できます。ただし、お金に執着がない分、仕事や遊びに使い過ぎる傾向があるので、意識してお金の管理を。

木星が

射手座

好きなことを続けるのが成功のカギ

富や成功には興味はないのですが、自分の好きなことを勝手に続けていたら、「いつの間にか成功していた」となる強運の持ち主。しかし、せっかく手にした実績も、ふとしたきっかけであっさり手放して新天地に移ることもあります。新しい世界でも、興味のあることを追ううちに、また成功を手にすることが多いのです。向学心が強く長旅を好むので、海外と行き来する業種に向いています。

木星が

魚座

他者への献身が大きな幸運を招く

魚座の博愛精神が木星のパワーで拡大され、他者に惜しみなく献身・奉仕します。さまざまなものを仲間に分け与え、かつ周囲にはいつも感謝の気持ちを表明します。一見、損に見えるそれらの行為が、結果的に大きな幸運を招きます。人を癒す業種に就いたり、ボランティアで人助けをしたりすると、自分にとっての深い満足感・充実感が得られ、それが社会的成功にもつながります。

木星が

山羊座

時間はかかるが上り詰めていく

山羊座の野心に木星の拡大パワーが加わり、時間はかかりますが、社会や組織で上り詰めていきます。ただし、そのためには、自分に与えられた仕事や役目を着実にこなすことが大切。忍耐強く頑張る期間が長いほど、あとで大きく花開きます。

伝統を大切に思う気持ちが強いので、昔から伝えられてきた文化を後世に伝える役目を担うと、実力が発揮でき、自分も充実感を得られます。

土星

忍耐・努力・試練を司り人生課題を象徴

きれいな環を持つことで知られる土星。太陽系では木星に次いで大きい巨大ガス惑星で、直径は地球の約9・5倍、体積は約800倍です。

西洋占星術の発祥地、バビロンでは、土星は農耕の神の象徴とされていました。ギリシャ神話ではクロノス、ローマ神話ではサートゥルヌスという、やはりどちらも農耕の神の惑星とされます。そこから、日本語では「土」の字がつけられました。

近代になって天王星が見つかるまで、土星は太陽系で最も遠い惑星でした。そのことからダークなイメージを持たれ、凶星とされてきました。

西洋占星術では、土星は木星の「拡大」「発展」「成長」などの逆で、「縮小」「抑制」「減少」などを意味します。しかし、実は悪い意味だけではなく、成長・発展するための試練のときを象徴しています。

成長や発展するには、そのためのエネルギーを蓄え、準備する期間が必要です。土星は、そのための忍耐や努力を意味しているのです。

具体的には、土星の位置で、必要な努力の方向性、努力して得られるもの、克服すべき課題、訪れる試練などを見ることができます。

土星の公転周期は約29・5年で、1つの星座に約2年半滞在します。木星と同じく1年ごとの運勢を見るのに使われます。

土星は1年ごとに約130日程度、逆行するように見えます。その間は過去を振り返りつつ、試練に向き合うのがよいとされています。

出生時の土星の位置に、トランジット（運行中）の土星が重なる期間（29歳前後や58歳前後）は「土星回帰」と呼ばれ、人生の転機、葛藤、試練などが起こる期間とされます。

土星が

牡羊座

自信家だが批判されると打たれ弱い

牡羊座の積極的なエネルギーが、土星の重いパワーで抑えられます。その結果、自信家でありながら、批判されると打たれ弱いという状態に。自分を守るために必死に反論し、かえって立場を危うくすることも。また、部下や後輩をかわいがる半面、上司や先輩に反抗的な態度をとってトラブルを招くことがあります。自分の軸は大事にしつつ、有益なアドバイスは感謝して受け取りましょう。

土星が

牡牛座

強過ぎる執着心が成功を阻む場合も

試練を促す土星のパワーで、忍耐力と慎重さが増幅されます。１つの考えに強くこだわり、それが成功のきっかけになる場合もあれば、成長や活躍を阻む場合もあります。物事がうまく行かないときは、１つのことに執着し過ぎていないか、客観視することが大切。お金や物に執着し、それらを失うことに強い恐怖心を抱くことも。お金や物以外の価値を見つけることで運が開けます。

土星が

双子座

短絡的な行動を控え粘り強く頑張ろう

本来あるはずの活発さや軽妙さが、土星のパワーで抑えられ、動きが重く鈍くなります。一方で「今までの実績を捨てて逃げ出したい」という逃避癖もあるため、人間関係などに悩むと、突然、会社をやめると言い出すことも。こうした自分の弱点を知っておき、短絡的な行動を控えて粘り強く頑張ることで運が開けます。しきたりや礼節を軽んじないで実行することも成功につながります。

土星が

蟹座

包容力を持ちつつ支配欲を手放して

強い感受性を持ちながら、土星の影響でそれを抑え込もうとします。結果的に臆病で疑り深くなり、それによって自滅することも。例えば、愛する人を信じるべきところで、支配欲が勝って関係性を壊したりします。包容力を持って接しながらも、自分と相手との境界線を意識することが大切。本来の感受性を大事にして支配欲を手放せば、家庭でも社会でもうまくいくようになります。

土星が

天秤座

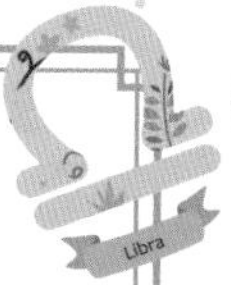

バランス感覚を取り戻すのがカギ

本来ある社交性が発揮できず、人との距離感がつかみにくくなります。広く浅いつき合いと、その場だけのコミュニケーションが多くなり、空しい気持ちになることも。親しい相手だからこそ、自分の悩む姿は見せたくないというタイプなので、カウンセラーなど普段は関わりのない人に悩みを打ち明けるのもよい方法です。意識してバランス感覚を取り戻すことができれば運が好転します。

土星が

獅子座

素直な気持ちで周囲に接することが大切

自分の自信や自己主張に、自らブレーキをかけて道を見失いやすくなります。獅子座の特性である華やかな力強さが発揮できず、空回りすることが多くなるのです。本来なら切磋琢磨できるよきライバルに対し、策略で蹴落とすことを考えるなど、ネガティブな思考に傾きがちです。素直な気持ちで周囲に接し、ライバルにも正面から向き合うようにすれば、自信を取り戻せて運が開けます。

土星が

蠍座

過去の出来事にとらわれ過ぎないで

慎重で失敗は少ないのですが、慎重過ぎてチャンスを逃すことも多いタイプ。また、過去の出来事にとらわれて、後悔や恨みを持ち続けており、それによって運を逃す場合もあります。自分では意識しにくいのですが、思考がネガティブになっていて、未来志向になれていないことに気づくことが大切。大事なのは「これからのこと」だと認識できれば、運が開け、成功にもつながります。

土星が

乙女座

過度の批判精神を控えるのがポイント

乙女座のきめ細かさに土星の抑制パワーが加わると、細部に気をとられすぎる傾向が出てきます。些細なことが気になって重要なことを見逃したり、批判精神が強く出過ぎて大切な人を失ったりする恐れがあります。この危険性を自覚して、自分の細かい指摘グセや過剰な批判精神をコントロールすることで運が好転しやすくなります。完璧を求め過ぎず、ときには周囲の人を頼りましょう。

土星が

水瓶座

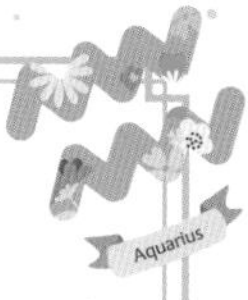

人の言葉を素直に受け取ることが大事

水瓶座の持つ自由さや独創性が、土星のパワーで抑えられます。その結果、自分の居場所がないと感じてしまうことも。ときには周囲に溶け込めずに、アマノジャクな態度をとってしまうかもしれません。本当の自分は抜群の発想力やユニークな価値観の持ち主であることに気づき、その特性を社会でどう活かすかを考えてみましょう。人の言葉を素直に受け取って話してみることも大切。

土星が

射手座

独りよがりをやめ、目的に向かって進もう

おおらかさや積極的な行動力が、土星のパワーで抑えられ、独りよがりになりがち。後先考えない行動で、周囲に迷惑や心配をかけることも。本来の自分が、高い精神力で目的に向かって前進できる人間であることを思い出すことで、運を切り開きやすくなります。こうと決めたら1つのことに集中できるのはよいのですが、スポーツに打ち込み過ぎてケガをするなど極端な面もあるので注意。

土星が

魚座

人を優先し過ぎず適度な距離感を保とう

自分より人を優先し過ぎて、苦労を抱え込んだり、人に利用されたりしがち。感受性が豊か過ぎて、社会の現実や競争についていけず、苦しい思いをします。結果的に人との関わりが怖くなることもありますが、真の満足は人間関係の中で生まれるので、人と距離を置くとかえってつらくなります。ボランティア活動などで人に喜んでもらうことが、悩みを断ち切るきっかけになることも。

土星が

山羊座

権力志向が強くなり過ぎないよう注意

心に隠し持った強い野心があり、そこに土星のパワーが加わることで権力思考が強くなりがちです。このことを自覚しないまま突き進むと、家族や身近な人を、権力を得るために裏切ってしまう危険性も。地位や名誉を求めるうちに、ふと気がつくと周囲に誰もいないという悲劇も起こりかねません。権力志向にとらわれ過ぎず、真の自分の成長を求め、充実感を大事にしていきましょう。

天王星

突然のハプニングやアクシデントを表す

天王星は、肉眼で見るのが難しい距離にある惑星で、１７８１年にイギリスの天文学者、ウィリアム・ハーシェルが発見しました。

その時期がフランス革命の直前だったため、「革命の星」「伝統破りの星」などとも呼ばれます。古い体制や因襲を壊す力、新しい可能性を切り開く力などのほか、予測できない出来事などを意味しています。

太陽～土星は地球から肉眼で見ることができるので、ホロスコープ上では「顕在的・常識的なこと」を示します。それに対し、天王星・海王星・冥王星は「トランスサタニアン（″土星外天体″の意味）」と呼ばれ、肉眼で見られないほど遠くにあるため、「常識外のことや潜在的なこと」を意味します。

そのうち天王星は、特に、「人生で突然起こる出来事」「思いがけない変化」「ハプニング」などを示しています。いずれも簡単には見えない（予測できない）事柄だからです。また、革命の意味から、「オリジナリティー」「創造性」「独創性」なども表します。

天王星の公転周期は約84年間で、１つの星座に7年ほど滞在します。流行は7年サイクルともいわれるように、１つの時代を7年とする考え方があります。そこで、時代の流れを読み取るためのカギにもなるのが天王星です。

天王星は、約1年ごとに１５０日程度、地球から見て逆行するような動きをします。その間は、社会の向かっている方向性と、自分の方向性が食い違うことが多くなります。視野を広げることで、いろいろなトラブルを乗り越えやすくなります。

天王星が

牡羊座

思いがけない転機や予想外の展開がある

開拓精神に富む牡羊座のパワーに、天王星の「予測できないことを呼ぶ作用」が加わり、思いもよらない転機が訪れるでしょう。予想外のドラマチックな展開や奇跡のような巡り合わせが起こります。変化をポジティブに捉えて対応することで、大きな成功を手中にできるでしょう。ただし、代わりに昔から大切にしてきたものを失うかもしれません。また、目上の人とのトラブルに注意。

天王星が

牡牛座

変化を恐れるだけでなく準備しておこう

ハプニングやアクシデントに弱く、それらを避けようとして何事も計画的に進めますが、ときにはどうしても突発的な出来事に見舞われます。特に、経済や財産に関する大きな動きがあり、コツコツと積み上げげたものを、瞬時に失ってしまう危険性があるので要注意。ハプニングや変化を恐れるだけでなく、いざというときにどう行動するかを考えておき、前向きに対応することも大事です。

天王星が

双子座

刺激的な変化があっても自然体の維持が大切

人生のどこかで突然、刺激的な出来事が起こったり、予測不能な転機が訪れたりします。軽い気持ちで行った旅先で、その後の生涯をともに過ごすパートナーと巡り会ったり、そのまま旅先に移り住んだりということがあるかも。ただ、自分から変化を求めて動くと、かえって運が沈むこともあるので、あくまでも自然体で生活しつつ、起こった変化には前向きに対応することが大切です。

天王星が

蟹座

巻き込まれた出来事を自分でも楽しもう

保守的なタイプで、自分では変化を望みません。人生の転機は、自分が招くわけではなく、家族関係の大きな変化やパートナーに起きた出来事に、自分が巻き込まれるような形になります。自分が大切に思う人の夢を叶えたい、気持ちを優先したいといった気持ちから、自分も大きな変化を乗り越える必要が出てきます。人のためと思うより、自分でも変化を楽しむのが開運のポイント。

天王星が
天秤座

自分特有の感覚で 古い価値観を打ち壊す

人間関係やそれにまつわるイベントなどに、自分特有の感覚を持ち込むタイプ。ちょっと変わったスタイルの結婚式をしたり、結婚生活も別居婚や通い婚にしたりして周囲を驚かせます。古い価値観を打ち壊そうという天秤座のパワーに、変化をもたらす天王星の作用が加わって、こうした現象が起こります。誰とでもよい関係を築けるタイプですが、結婚や事業のパートナー選びは慎重に。

天王星が
獅子座

変化に動じないで すばやく動くのが強み

思いがけない変化が訪れたときに、動じたり慌てたりすることなく、自分の利益になるようにすばやく動くので、それによって成功を収めることができます。自分では遊びのつもりでも、動画や作品などをＳＮＳで紹介したら、たちまち大人気になって仕事に結びつくなど、予想外の幸運がやってきそうです。ただし、過激すぎる行動は、せっかくの成功を台無しにする場合があるので注意。

天王星が
蠍座

急に変化を求める 瞬間がやってくる

基本的に変化を好まず、同じ場所・同じ環境で、周囲の人と濃密な関係を築きながら過ごします。しかし、ふとしたときに急に変化を求めたくなる瞬間がやってきます。思い切って決断し、周囲がアッと驚く転身を果たしたり、予想外の場所に転居したりします。周囲の人との結びつきは濃厚なので、転居しても関係は続きます。つき合いが濃厚過ぎて、嫉妬から関係を壊さないよう注意。

天王星が
乙女座

独自の知識や実践法を 紹介して喜ばれる

自分で編み出した健康法や家事のコツ、仕事管理術などを実践しつつ紹介し、周囲を驚かせます。細かいところまで気が回るので、実践マニュアルを作って提供するなど、いたれりつくせりの対処も。凝り性の面もあり、やるとなったらとことん突き詰めるので、ある分野で上り詰めることもあるでしょう。ただ、突然に体調をくずすことがあり、そんなときは無理に動かないことが大切。

天王星が

水瓶座

Aquarius

周囲に合わせることや束縛されるのは苦痛

明確な自分の価値観を持っていて、束縛されるのは苦痛に感じます。周囲に合わせるのは苦手で、団体での行動についていけないことも。だからといって孤立するわけではなく、同じ主義の人同士で集まり、「自由を尊重する人」として慕われるようになります。頭の回転が速いので、その面でも尊敬を集めやすいのですが、あまりにも先進的過ぎて周囲を置き去りにしないよう注意。

天王星が

射手座

Sagittarius

斬新な考え方や生活スタイルが好き

周囲の人が思いつかないような斬新な考え方や生活様式などを求めます。そのため、海外旅行を好み、それが高じて海外への移住をする場合も。外国人の知人・友人も多いタイプです。自分の受ける教育や子どもの教育に対し、古くからの方法を重んじるより、新しいやり方で教育を受けたいと考えます。また、急に何かの宗教の熱心な信者になるなど、宗教絡みの突然の変化もあり得ます。

天王星が

魚座

Pisces

豊かな感性を持つナチュラリスト

豊かな感性を持ち、自然豊かな場所で穏やかに暮らしたいと思うタイプです。その傾向が強まると、自然へのこだわりが強くなり過ぎて熱心な環境運動家になったり、スピリチュアルな世界にはまったりすることも。自分では心身によいと考えて、ストイック過ぎる生活をして、体を壊す恐れもあるので要注意。自然派のよい点は活かしつつ、バランス感覚を身につけることも大切です。

天王星が

山羊座

Capricorn

アクシデントには冷静かつ的確に対処

山あり谷ありの人生を、その都度冷静に捉え、努力で乗りきります。アクシデントに見舞われても、冷静かつ適確に対処するので、大きなトラブルに発展することなく、収束させることができます。特に、結婚後の人間関係問題、会社では派閥闘争などに巻き込まれやすいので要注意。自分の価値観を大事にしつつ、時代の変化も受け入れて対応するのが大きなトラブルを防ぐポイント。

海王星

潜在意識や霊的事象を表す神秘の青い星

海王星は、１８４６年にドイツのベルリン天文台で、天文学者のヨハン・ゴットフリート・ガレによって発見されました。地球から肉眼では見ることができない星ですが、気体でできたガス惑星で、神秘的な青い色をしています。

海のような青色をたたえたこの星は、ギリシャ神話の海神・ポセイドン、ローマ神話の海神・ネプチューンを象徴する星とされました。そのため、日本語では海王星と名づけられたのです。

その神秘的なイメージから、潜在意識、霊的なこと、夢、幻想、天から降りてきたひらめき、隠されていること、あいまいなことなどを意味します。

過去のトラウマや無意識の領域にある問題など、表面化しにくい心の奥の事象を探るヒントとして使われることもあります。同時代に生きる人が共通して持つ「深層意識」を意味するともいわれます。

もともとは海に限らず、池、川、湖、沼なども含めた水の神を象徴していました。そのため、海や水に関係する事柄も意味します。

公転周期は約１６５年で、１つの星座に約14年滞在します。そのため、世相を読む惑星とされます。ちなみに、発見されたとき、海王星は水瓶座にあったのですが、２０１１年にようやく12星座を一周しました。

海王星は約1年ごとに１６０日程度、地球から見て逆行に見える動きをします。その間は、海王星の神秘性や幻想性が薄まって、いい意味でも悪い意味でも現実的になるとされます。同時に、見失ったものを再発見するような現象が起こりやすいといわれています。

海王星が

牡羊座

強靭な心身を作りつつ興味のあることを追求

豊かな想像力を持ち、強靭な心身を求める気持ちが強いので、ヨガ、自己啓発、スピリチュアルなどに強い関心があります。芸術的なことや心理的なことにも興味があり、きっかけがあると学校などに通って熱心に勉強することも。興味を抱いたことは、とことん突き詰めて勉強したくなるタイプですが、その成果を出そうと、焦って自分を追い詰め過ぎないようにしましょう。

海王星が

牡牛座

生活、趣味、仕事に芸術センスを活かす

すぐれた芸術センスを持ち、それを自分の趣味や生活に活かすだけでなく、ビジネスにも結びつけます。そういう面では冷静さがあるものの、何かを一途に信じるところがあり、一歩間違えると騙されたり、怪しい健康法を信じ込んだりする場合があります。お金に関するトラブルも起こりやすいので気をつけましょう。また、トラブルが起きたとき、食欲に走って体を壊さないように注意。

海王星が

双子座

多様な才能を持つが疲れすぎに注意

頭が切れて勘もよく、発明や文学的な才能を持っています。クリエイティブな職業や趣味を持つことで、その才能を活かせます。コミュニケーション能力も高く、話上手なので、つい話を盛ってしまうことも。人に伝えるときはありのままを話すようにしましょう。感受性が強すぎて、さまざまな人や物から影響を受けやすく、刺激が強過ぎると疲れることもあるので気をつけて。

海王星が

蟹座

歌手や役者になれば人の心をつかんで成功

人に対するやさしい気持ち、人を守ろうとする強い心があります。それが根底にあるため、潜在的に大衆の心をつかみやすい才能を持っています。きっかけがあれば、歌手や役者になって人々を魅了できるでしょう。また、作曲や作詞などで才能を発揮する場合もあります。何もないところから、曲や詩を作り出すことに大きな喜びを感じます。年齢によっては、母親との依存関係に注意。

海王星が

天秤座

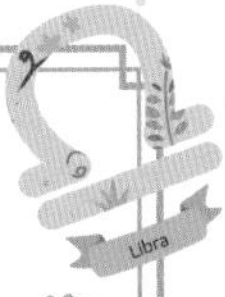

楽しむことが大好きで 異性関係も派手になる

一見そう見えないのですが、楽しむことが大好きで、刹那的な遊び方をしてしまう面があります。それまではごく普通に過ごしてきたのに、ふとしたきっかけで快楽を追い求める生活に突入して周囲を驚かせることも。異性関係も、急に派手なつき合いを始めてトラブルを招く危険性があります。結婚相手や決まった相手がいる場合はもちろん、そうでなくても異性関係はくれぐれも慎重に。

海王星が

獅子座

タフな心身で成功する が恋愛に溺れやすい

基本的に心身がタフで、たとえ心が折れるような出来事があっても、自分の力で解決しようとします。しかも、いつも冷静で、ビジネスや生活の場では人に騙されるようなことはありません。恋愛だけは冷静さを欠いて溺れやすく、バランス感覚を失って相手に依存したり、逆に依存させたりすることがあります。相手を大切に思うことと依存は別だと認識して関係性を見直すことも大切。

海王星が

蠍座

スピリチュアルに傾倒 し過ぎるとトラブルも

蠍座も海王星もスピリチュアルなパワーが強いため、重なり合って霊的な要素やオカルト的な要素が強く出ます。強い霊感があったり、占いや神秘学を熱心に勉強したりします。魂や霊などが、見えたり感じたりできる場合も。この力を周囲の人に役立てることができれば、自分も周囲も幸せですが、極端に表出したり、自分の力をもてあましたりするとトラブルを招くことがあるので注意。

海王星が

乙女座

神経が細やか過ぎて 自分も人も疲弊しがち

もともと持っている神経の細やかさが行き過ぎて、自分が疲れ、人も疲れさせてしまいます。特に、仕事で過労になったり、強いストレスにさらされたりして、自分を追い込んでしまいやすいので要注意。極端な場合は、休職してその期間が長引き、最後は引きこもってしまうケースもあります。普段から自分のメンタル面には気をつけて、バランス感覚を持てるようにしておきましょう。

海王星が

水瓶座

大きなスケールの視点から考えて発信する

限りなく沸いてくるイマジネーションをもとに、人間愛に満ちた考え方と行動をします。日々の暮らしの苦労や喜びにはほとんど興味を示さず、人類、世界、宇宙などの壮大なスケールでものを考え、発信します。インターネットと相性がよく、自分の壮大な思考を支え、また発信するツールとして活用します。ただ、現実的なモラルを二の次にしてトラブルを招く場合があるので気をつけて。

海王星が

射手座

眠っていた霊的能力が急に開花することも

自由を愛するとともに、深い思想や哲学の素因を持ち、スピリチュアル的な能力も備えています。これらの要素は、最初から顕在化しているわけではありませんが、何かのきっかけで開花すると、その後はどんどん顕在化するとともに強まっていきます。思想関係の運動やスピリチュアルな活動を熱心に行うことも。自由を重視し過ぎて現実社会との軋轢を招く場合もあるので気をつけて。

海王星が

魚座

理屈より先に感覚で受け止めて理解する

鋭い勘と豊かなイマジネーションを持ち、理屈で考えるより先に感覚で受け止めるタイプです。魚座も海王星も感覚を重視するので、その特性が強調されます。スピリチュアルな力やそれによるヒーリング能力を持つ人も多く見られます。ただし、心がデリケート過ぎて、メンタル系の病になる危険性も。自分として無理なく楽に過ごせる環境に身を置いて、能力を活用するとよいでしょう。

海王星が

山羊座

野心と権力志向が強い極端な支配欲は禁物

強い野心を持ち、自分が社会にどう関わるかということに並々ならぬこだわりを抱いています。この特性は、政治家や経営者などになれば、余すところなく発揮できるでしょう。ただ、自分の権力を盤石にしようとして強引な手段をとると、周囲の反発を招いて一気に没落する場合があります。どんなときも合理的に考えることを忘れず、極端な支配欲は出さないようにすると安全です。

冥王星

心の奥底にある目に見えないものを象徴

天王星の発見以来、人々がこぞって新惑星を探すなか、１９３０年にアメリカ・アリゾナ州にあるローウエル天文台で、クライド・トンボーが発見したのが冥王星です。

冥王星は、太陽系の第9惑星とされましたが、発見から76年後の２００６年、惑星の条件を満たしていないとして準惑星と認定されました。しかし、西洋占星術では惑星として扱います。

冥王星は、ローマ神話ではプルトー、ギリシャ神話ではハデスという、いずれも冥界の王を象徴する星です。そのため、日本語では冥王星と名づけられました。

西洋占星術の10惑星の中で、最も遠くにある冥王星は、天王星、海王星以上に「目に見えないもの」の象徴とされます。人間の根底にある問題や極端な事象という意味もあり、生と死、前世、宿命、個人では変えられない時代の流れ、意識下の状態、破壊と再生などを表します。

「通常は表に表さない」という意味から、性的な事柄も、冥王星の位置で読み取れるとされています。突発的な大変化や危機、身内の問題などを知るヒントになる場合もあります。

冥王星の公転周期は約２４８年で、１つの星座に約21年滞在します。発見されて以来、冥王星は12星座をまだ一周しておらず、魚座〜双子座は運行したことがありません。そのため、これらの星座に冥王星があるときのことについては、まだ研究中の部分があります。

冥王星は海王星と同じく、約1年ごとに１６０日程度、地球から見て逆行に見える動きをします。その間は、無意識から生まれる力をどう使うかがテーマになるとされています。

冥王星が

牡羊座

怖れずに突き進み 新しい世界を切り開く

常に新しいことを求め、切り開く力に満ちています。独立心が強く、こうと決めたら恐れずに突き進んでやり抜きます。家族に反発して家を出たり、組織内で異を唱えて自分で別組織を立ち上げたりということを多く経験します。それによって周囲や社会に貢献できる一方、人間関係がギクシャクすることも。周囲への感謝を忘れず、表明すれば、人間関係を保ちながら力を発揮できます。

冥王星が

牡牛座

所有欲や執着心の強さが急に表面化する

人や物に対する強い所有欲を持っていますが、普段はそのことが意識下に押し込められており、自分も周囲もはっきり認識していません。ふとした拍子に、何かに強く執着したり、欲しいという気持ちを抑え切れなくなったりします。手に入れると、急に興味がなくなるという厄介な面もあります。「自分はそれが本当に欲しいのか」と自問自答して行動に移すよう心がけるとよいでしょう。

冥王星が

双子座

処理能力が高いが 自由を求めすぎる面も

何事にも臨機応変に対応でき、急に何かを依頼されても気のきいた方法ですばやく処理できます。そういう面を高く評価されますが、半面、ルールを嫌う自由人なので、組織では浮くことも。異性関係でも常識や相手に縛られたくないと思うため、自由に振る舞い過ぎてトラブルを招くことがあります。世の中のモラルや最低限のルールを尊重すれば、トラブルが防げて自分も楽になります。

冥王星が

蟹座

実家や親類との関係が 幸も不幸も呼んでくる

実家の家族や親類などと深いつながりを持っており、折りに触れて助けたり助けられたりという関係を維持しています。これにより、精神面の支えに加えて遺産を受け継ぐなどのよいことがある一方、独り立ちが阻まれたり、親との密接すぎる関係に悩んだりすることも。実家とはほどよい関係を保ちながら、自分自身の人生を見据え、大切なものの優先順位をつけていくことが大切です。

冥王星が

天秤座

広い交友関係を持つ結婚相手選びは慎重に

穏やかな雰囲気を持ち、誰とでも緩やかにつながって広い交友関係を持つタイプ。血縁関係では強いつながりがあり、子どもや孫にも恵まれます。ただし、恋人や結婚相手を選ぶときには少し注意が必要。自分と共通の感覚でものを大事にする人なら、財産を増やして幸せになれますが、人を利用する意識の強い人と一緒になると、巨額の損失を被る危険性があります。相手選びは慎重に。

冥王星が

獅子座

圧倒的な力で富を築くが一気に失うことも

強靭な精神力とカリスマ性を持ち、困難を乗り越えて大きなことを成し遂げます。それによってさまざまな社会貢献ができ、富と名声が手に入るでしょう。しかし、強過ぎるパワーが破壊のベクトルに傾き始めると、せっかく築いた富や名声、さらには人脈まで、一気に失う危険性があります。上り詰めたあとは刺激を求め過ぎず、穏やかさも持つことで、得たものを維持しやすくなります。

冥王星が

蠍座

逆境になるほどパワーを発揮して乗り越える

人生の中で破壊と再生が幾度となく訪れますが、逆境になるほどパワーを発揮して乗り越え、新しいものを生み出します。窮地に陥ったときの強さがきわだっているため、指導者として支持を集めることも多いタイプ。ただし、その圧倒的な力の出し方を誤ると、独りよがりな方向に暴走して手がつけられなくなる場合も。謙虚な気持ちを忘れないようにして、人の声に耳を傾けましょう。

冥王星が

乙女座

きっちり成果をあげるが余裕のなさが課題

実用的な知恵に富み、厳格なルールや制約の中でも、上手に動いて成果をあげるタイプ。努力の人でもあり、こうと決めたら目標に向かって一直線に頑張ります。ただ、目標に向かう気持ちが強過ぎて、寄り道をする心のゆとりや「遊び」がなくなる危険があります。すると、急に空しさを感じて進めなくなる場合も。ときには心にゆとりを持ち、「頑張らない自分」も認めてあげましょう。

冥王星が

水瓶座

Aquarius

いつも心の奥に自由を渇望する気持ちがある

普段はルールに従っていても、心の奥底に「自由奔放にしたい」という気持ちを持っています。縛られることが苦痛で、いつか広い世界にとび出したいと思っているのです。強く抑えつけられると、その気持ちが爆発し、実際に遠くに行ってしまう場合も。自分の気持ちを極度に抑制しないで解き放ち、自由な時間も持つことが大切。それによって思わぬ発見や発明をする可能性もあります。

冥王星が

射手座

Sagittarius

縛られることが大嫌いで心身の自由を求める

表面的にそう見えなくても、根本的には「何かに縛られることや1か所に留まること」をひどく嫌うタイプ。それを表に出さずに平穏に暮らしていても、何かのきっかけで束縛を感じて嫌悪感が募ると、全てを捨てて出奔することもあります。自由を望む分、血縁者との関係は希薄になりがち。新天地を求める意識を学問や研究などに活かすと、世界的な活躍ができて偉業を達成することも。

冥王星が

魚座

Pisces

高感度のアンテナと神秘の能力を持つ

自分で意識しているかどうかにかかわらず、高感度のアンテナと、芸術的才能やヒーラーとしての才能を持っています。人の心を読んだり、人に強い影響を与えたりするので、周囲からは神秘的な人と見られるでしょう。自分の内側では、正体のわからない葛藤や衝動が起こってつらい思いをするときもありますが、それを芸術表現や人の癒しに活かせば、人に喜ばれて自分も救われます。

冥王星が

山羊座

Capricorn

努力を積み重ねて成功を目指し社会貢献も

おっとりタイプに見えても、心の奥には強い権力志向があります。といっても、強引に権力を求めることはせず、ルールを守り、努力を積み重ねたうえでの成功を目指します。世のため・人のためという意識も強いので、社会貢献でき、それが自分の満足感にもつながります。ただし、ふとしたはずみに権力志向が暴走すると、身の破滅を招くことも。自分らしさを失わない心がけが大切。

COLMUN

占星術とエドガー・ケイシー

エドガー・ケイシーは、20世紀前半に活躍したアメリカの予言者・超能力者です。催眠状態で、アカシックレコード（宇宙誕生からのすべての事象が書かれているとされるデータベース）を読むことができ、あらゆる難病の診断や治療法、幅広い分野の相談に答えました。未来の予言や、相談者の前世と今世の関わりなどについても多く述べています。

あまり知られていませんが、エドガー・ケイシーは西洋占星術についても語っています。「人は亡くなると肉体から魂が離れて転生するが、生まれ変わるまで、その魂は太陽系の惑星に滞在する」という「転生間惑星滞在」という説を提唱し、それがどの惑星かがホロスコープでわかると言ったのです。私は、ホロスコープで前世の職業や家庭生活がわかると解釈していますが、やや近い見方です（130～133ページ参照）。

また、エドガー・ケイシーは、西洋占星術について、「惑星の作用は絶対的ではなく、本人の強い意志があれば変えることができる」「占った結果はすべてではなく、必要なところだけ活用すればよい」とも述べており、これらも私の考え方と一致しています。

CHAPTER4

ハウスと惑星

houses and planets

ハウス

持って生まれたものが現れる人生の「舞台」

ホロスコープには、円を12分割して配置した星座とは別に、中心から放射線状に引いた線で区切った12のエリアがあります。これが「ハウス」で、生年月日に出生時刻を加えることで割り出されます。

30度ずつ区切ってある星座と違い、ハウスは一つ一つ微妙に違う角度になっています。星座が天球上の黄道を12等分しているのに対し、ハウスは、その人が生まれた瞬間の地平線を起点として天球を12分割したもので、複雑な計算式から境界線が導き出されるからです。分割の仕方はさまざまありますが、重要なことは共通してわかります。

チャプター3で見たように、星座はその人が持って生まれた資質、才能、性格、可能性などを示しています。一方、「それらが人生のどんな場面で現れるか」を示すのがハウスです。その人のさまざまな面が現れる「舞台」と捉えるとよいでしょう。

各ハウスは、左ページのように、人生のステージに対応する流れがあります。ハウスを読み解くには、あなたのホロスコープで、それぞれのハウスにどの惑星が入っているかを見て、78ページ以降の該当する部分を読んでください。また、1ハウスの始まりにＡsc（アセンダント）、その逆側にＤsc（ディセンダント）、上方にＭＣ、下方にＩＣがありますが、これらも重要な意味を持っていますし、惑星がないハウスにも意味があります（１２６〜１３４ページ参照）。

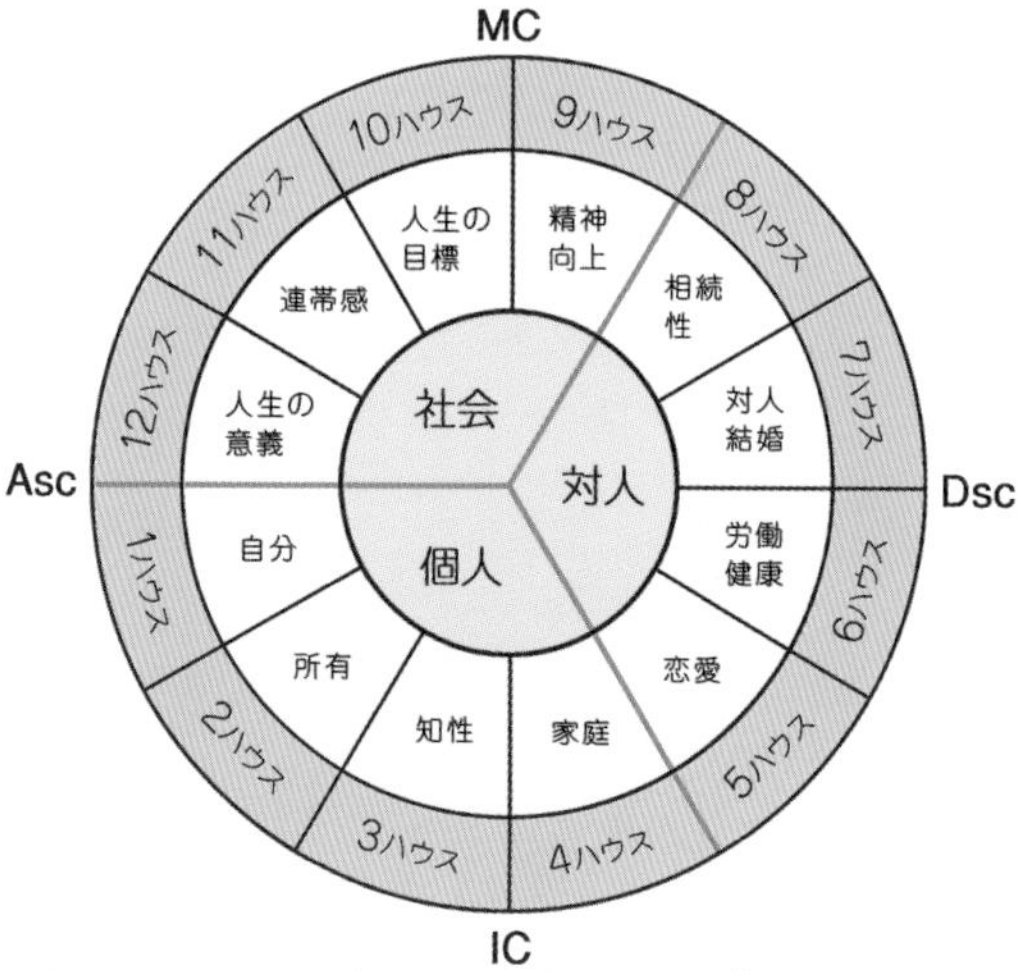

12ハウスの流れと内容

ハウス	テーマ	内容
1ハウス	自分	この世に生まれる
2ハウス	所有	肉体や財産を所有し、自分を保つ
3ハウス	知性	新しい体験をして知識を得る
4ハウス	家庭	自分の土台を固める
5ハウス	恋愛	人と感動的な体験をする
6ハウス	労働・健康	社会の中での自分を確立
7ハウス	対人・結婚	人と社会活動を始める
8ハウス	相続・性	人と強い絆を結ぶ
9ハウス	精神向上	高い学びを求める
10ハウス	人生の目標	社会的に成功する
11ハウス	連帯感	周囲との連帯感を強固にする
12ハウス	人生の意義	人生の意義を考え、気づきを得る

↓

1ハウスに戻る

自分の根源を意味する

1 ハウスの惑星

１ハウスは、自分の「始まり」や「根源」を示す最も重要な場所。基本的なパーソナリティーや性質、自分にとって重要で絶対に譲れないもの、持って生まれた外見や肉体などを意味します。１ハウスに入っている惑星は、強い力でその人の根源に働きかけます。自分が真に納得できる生き方や生活を知るヒントもここに示されます。

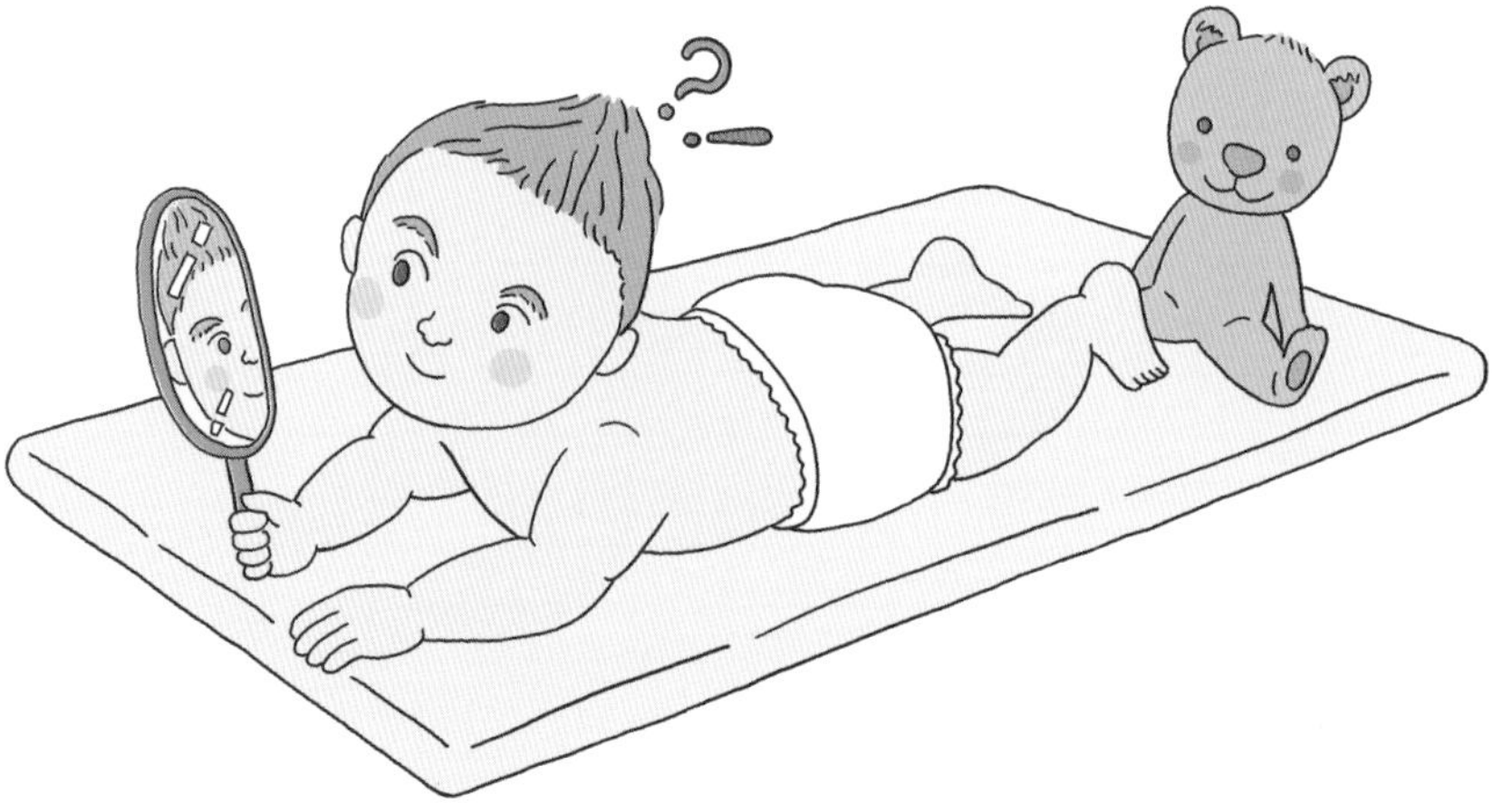

1ハウスの 太陽

自ら人生を切り開く パワフルな野心家

自ら人生を切り開こうとする意志と気概に満ちています。自己主張や自己顕示欲が強く、理想に向かって突っ走る野心家です。そのパワーを十分に活かせれば、早期に昇進や出世をし、若くして権力や名誉、地位を手にするでしょう。

周囲からの信頼が厚く、人気もあって、組織や集団の中では自然にリーダー的な存在になります。もともと人に支配されることを嫌うので、自分でも常にトップに立ちたいという気持ちを持ち、そのために動く傾向があります。ときに無謀な計画を立てて大失敗することもありますが、メンタル面が非常にタフで、いくらでも立ち直って再チャレンジできるという強みも持っています。

1ハウスの月

慈愛に満ちて限りなく愛情を注ぐ

環境や周りの人からの影響を受けやすく、変化の多い人生になります。引っ越しなどで住む場所が変わったり、交友関係でも時期によってつき合う人たちが変わったりと、目まぐるしい変化に見舞われるでしょう。自分自身も気分や言動に揺れや変化が見られやすいタイプです。

一方では、世話好きで慈愛に満ちており、惜しみなく人に愛情を注ぎます。その分、周囲の人からも好かれる愛されキャラで、常に回りに人がいる生活を送ります。ただし、思ったことをストレートに口に出し過ぎたり、つい本音が顔に出たりして人間関係がギクシャクすることも。ワンクッション置いて、少し考えてから口に出すことも大切です。

1ハウスの水星

知識欲が旺盛で話術にも長けた天才

知的好奇心が旺盛で、豊富な知識とアイデアを持っています。コミュニケーション能力が高く、話術にも長けているので、自分の持つ知識をもとに、人を惹きつけるトークができます。これらの才能を使って、知的で豊かな人生を送れる人です。

研究や分析が好きで、ヒラメキもある天才肌ですが、同時に商才もあります。人脈も広いので、自分の才能を使った商売をやっても成功するでしょう。年を重ねても若い人と交流し、自分も若々しさを保ちます。

ただし、言葉に関する能力が高いだけに、口に出した言葉によってトラブルを招くことも。トラブル回避のためには、誠実さを貫くことがポイントになります。

1ハウスの金星

高い美意識をもち美しいものを好む

輝く美しさを持ち、内面的にもゆったりと穏やかで、人にも親切なので、多くの人から愛されます。容姿端麗で、特に異性を惹きつける魅力に満ちています。自分でも美しいものを好み、高い美意識と審美眼で、きれいな装飾品やアクセサリーなどを集めます。また、そのように美しいものに囲まれた生活が、さらなる幸運を引き寄せるでしょう。

人気の高さや人脈の広さが、財運にもつながり、人を介した仕事や取引などで自然にお金が入ってきて、経済的に困ることはほぼないでしょう。ただし、人の好意に甘え過ぎると、思わぬトラブルを招くことも。一定のけじめを忘れずに人とつき合うことが、トラブル回避のカギです。

1ハウスの 火星 ♂

いつも闘志を燃やし困難に挑戦し続ける

何事にも「勝つか負けるか」という意気込みで、果敢に攻めていくタイプです。失敗や危険を恐れずに突き進み、目的を成し遂げます。言動はすばやく、いつも心の中に闘志を燃やしていて、気性の激しさを感じさせます。停滞や待機という状況が苦手で、自分からどんどん仕掛けて、積極的に人生を切り開きます。

目標を達成するまでに、多くの困難が待ち受けているほど、チャレンジ精神に火がつき、余計に頑張りが利くようになるタイプです。

自分から何かを発案することが多いので、周囲から感謝される一方で、トラブルの原因を作ることもあります。それを避けるには、人の意見にも耳を傾けることが大切です。

1ハウスの 木星 ♃

常に素直でおおらか周囲から信頼される

人に対して常に素直で誠実、おおらかで寛容な態度で接し、その姿勢をくずすことがありません。高貴な精神を持ち、弱者や困っている人がいれば必ず救いの手を差し延べます。そのため、周囲の人から信頼され、人気は高く、若いうちから指導者的な立場に立つようになります。

私生活でも仕事でも高く評価されますが、特に仕事では、後世に伝えられるようなすばらしい業績を残すことができるでしょう。困難が立ち塞がることもありますが、どのような状況になっても諦めずに取り組める強さも持っています。

ただし、ときに楽天的になり過ぎて失敗することも。自制心が必要なシーンを見分けることも必要です。

1ハウスの 土星 ♄

強い忍耐力と持久力で困難を乗り越える

誰よりも強い忍耐力と持久力を持っており、困難や制約の多い環境でこそ本来の力を出せるタイプです。物事に対して、常に真面目で慎重に取り組み、仕事はもちろん私生活でも与えられた役割を果たすために、人一倍努力します。そのため、周囲の人からは信頼され、「あの人に頼めば大丈夫」と一目置かれます。

なぜか社会的・環境的なハンディキャップを背負うことが多いのですが、それを不運と嘆くよりも、むしろバネにしてのし上がっていく強さがあります。ただ、子ども時代に抑圧された経験を持つ場合があり、素直に感情を出すのが苦手です。ときにはストレートに、自分の思いを出してみるといいでしょう。

1ハウスの 天王星 ♅

人と違う価値観で波瀾万丈の人生を歩む

ありふれた平凡な生き方を嫌い、人と違う価値観と個性を持って生きたいと考えるタイプ。その考え通りに、めったにないような波瀾万丈の人生を歩みます。スリリングで飽きることのない面白い人生ともいえますが、半面、さまざまな危険や困難があり、それを乗り越えていく苦労があります。

特に、あえて体制に逆らう気質もあるため、その面でも苦労がついて回ります。しかし、本人にとっては、平凡や退屈こそ悪であり、波風あるドラマチックな人生が送れるのは本望と考えています。ときに、自分の考えに固執して頑固になり、周囲を困らせることも。柔軟性も身につけましょう。

1ハウスの 海王星 ♆

不思議な雰囲気を持つ生まれながらの芸術家

インスピレーションやイマジネーションに富み、さまざまな方面の芸術分野で才能を発揮します。また、スピリチュアルな能力もあり、どこか不思議な雰囲気を持っています。その分、メンタルが不安定になりがちで、気分が激しく変動したり、情緒の揺れが強かったりして周囲の人を心配させることもあります。

それでも、「天然」とか「不思議ちゃん」と称されてかわいがられるという強みも持っています。ただし空想の世界に生きているようなタイプだけに、現実社会で必要な対応に弱い部分があり、油断すると詐欺などの金銭トラブルに巻き込まれる場合も。危険を察知するアンテナも働かせることが大切です。

1ハウスの 冥王星 ♇

独特のムードと強い意志を持つ神秘の人

子ども時代に劇的な体験をした人が多く、その影響もあって、明るさと暗さを併せ持ち、神秘的なムードをたたえています。同時に性格的な強さも持っており、明確な目標を設定し、自分の強固な意志でそれを達成します。

物事の白黒をハッキリさせたいタイプで、そのために、ときには人間関係に波風を立ててしまうことも。しかし、そんなときにも、自分独特の方法で乗りきり、むしろ逆境をチャンスに変える力を持っています。

何事にもこだわりが強く、それがよい面に出れば芸術や研究に活かせますが、ともすれば頑固すぎて孤独な生活を強いられることも。バランス感覚を身につけることも重要です。

収入や所有を意味する

2 ハウスの惑星

2ハウスの基本的な意味は「所有」、そして「自分の保持」です。人が最初に所有するのは肉体で、現実社会でそれを保持するにはお金が不可欠であることから、お金や財産にかかわることを意味します。その人がお金を得る方法、お金の使い方、財運などがわかります。また、お金や財産に対するスタンスや考え方も読み解けます。

2ハウスの 太陽 ☉

受け継ぐ財産に加え自分でも財を生む

金銭的・物質的に恵まれており、生涯を通じて、経済的に困窮するようなことはまずないでしょう。親から受け継ぐ財産がありますが、さらに自分の力や才能によってもお金を生み出すことができ、そのようにして稼ぐことに喜びを感じます。

もともと物質的な豊かさが人生の価値を高めると考える傾向があるため、財をなすことには積極的で、それがやりがいや充足感、自己肯定感にもつながっています。

といってもガツガツとはしておらず、気前よくお金を出して、みんなで楽しく娯楽をしたり、飲食をしたりすることにも熱心です。それが時折度を超して、金銭トラブルに巻き込まれる恐れもあるので要注意。

2ハウスの月 ☽

金銭運の変動が大きい　安定した収入を目指そう

財運が悪いわけではないのですが、変動幅が大きく、収入が安定しないタイプ。物質的な豊かさが心の安定につながっているため、収入の変動が大きいときは、気持ちも不安定になりがちです。

　女性や子どもを対象とした生活雑貨やアパレルなどの仕事が向いており、大きな収入や安定した収入に結びつく可能性があります。また、人との心の触れ合いが財運に結びつく傾向もあります。

　本人はお金とのつながりなど考えていないのですが、本能のままに心に寄り添ったり、支えたりしていると、いつの間にか収入につながるというパターンです。ただ、不注意から金銭を失うことがあるので用心を。

2ハウスの水星 ☿

知的な職業で大きな　財をなす可能性が大

研究者、文筆業といった知的な職業に就いたときに、最も大きな財をなすタイプ。しかし同時に、コミュニケーション能力がずば抜けて高いため、販売や営業でもセンスを発揮します。また、経理、会計といった直接的にお金に関係する職業にも向いています。

　お金を稼ぐことに関して、計画的・戦略的に取り組む傾向があり、本業に加えて副業やアルバイトをして、二足のわらじで上手に収入を増やすのも得意です。

　ただし、油断していると書類上の手違いやうっかり冒した計算ミスなどで手痛い不運に見舞われることも。手続きや計算は、忙しいときも慎重にするよう心がけましょう。

2ハウスの金星 ♀

美に関する仕事で　効率よくお金が入る

美しいものを好み、ハイセンスで華やかな生活を送ります。その方向性を活かして、ファッション、インテリア、コスメ、アクセサリーなどに関係する仕事をすれば、効率よく収入に結びつきます。

　一方、恋愛や結婚を通じても財産を得るチャンスがあります。ことさらお金持ちを選んでつき合うわけではないのですが、巡り会った相手が裕福だったり、大きなビジネスチャンスをもたらしたりします。

　ただし、男性は異性関係や享楽のために、女性は高価な衣服や宝飾品のために財を失う危険性も。最悪の場合、借金を背負うこともあるので要注意です。これらに使うお金はほどほどにして、けじめを大切に。

2ハウスの 火星 ♂

意欲的に稼ぐ一方で衝動的に散財しやすい

所有している財産や不動産こそがその人の力の象徴と捉え、意欲的に働いて収入を得ようとします。しかし、貯め込むのが目的ではなく、気前よく使うことによって力を示そうと考えるため、衝動的に散財しやすいタイプでもあります。

意欲的に働くといっても、長時間の忍耐を強いられる労働は苦手で、なかなか続けられません。そのため、投機や高価なものの販売などで、効率よくスピーディーに稼ごうとします。それがうまくいっている間はよいのですが、一度失敗すると大きな痛手を被る危険性もあります。

堅実な仕事による収入の確保や、一定額はしっかり貯蓄しておくことなども考えるとよいでしょう。

2ハウスの 木星 ♃

金銭的に豊かな人生で社会的にも上り詰める

財運に関しては、たいへん恵まれた星のもとに生まれており、物質的、金銭的に豊かな人生を送ることができます。特に、各分野の専門職や高度な研究にかかわる仕事で、大きな収入を得るでしょう。

同時に、周囲からの厚い信用を得ることで社会的に上り詰め、それによっても財力が高まります。資金運用の才能もあるので、財産を着実に増やすこともできます。危険な投機などには手を出さないので、その点は安心です。ただし、社交的な場面では、サービス精神からつい浪費してしまうことも。本人は、「お金は楽しいことに使うためにある」と割り切っていますが、あまりにも浪費が続くときは自制も必要です。

2ハウスの 土星 ♄

コツコツと貯蓄する堅実な節約家

堅実な節約家でしっかり貯蓄をしています。財産は自ら努力し、時間をかけて築くものと思い定めており、安定した職に就き、1か所に長く勤め、地に足を着けて働きます。

手っ取り早く稼ぐとか大きく稼ぐといったこととは無縁で、ひたすらコツコツと積み立てていきます。貯蓄に関してリスクを冒したくないので、目に見える形で現金を貯めることに、こだわりと喜びを感じます。そのため、株や投資はせず、効率は悪くても確実な貯蓄法を選びます。仮想通貨やリスクのある金融商品などには、間違っても手を出しません。

自分の才能を活かして稼ぐ方法があっても、危険を避けるために、あえて平凡な生き方を選びます。

2ハウスの天王星

本人も驚く意外なことで大金が転がり込む

行動が予測しにくいタイプで、常識では考えられないような突飛な行動に出ることがあります。その行動パターンと財運はリンクしており、財産にかかわる大きな変動が起こるので、金運が予測しにくいタイプです。本人も驚くような意外なことで大金が転がり込んだり、予測不能な出来事で大金を失ったりすることもあり、ジェットコースターのような状況になります。

発明の才能があるので、ユニークなアイデアが大きな財を生むこともあります。ただ、そうして得た財産も、思わぬアクシデントで失うことがあるので、財産管理には注意が必要。堅実で信頼できる人に管理を依頼するのもよい方法です。

2ハウスの海王星

経済観念が乏しく破天荒にお金を使う

一言でいうとお金の使い方が破天荒なタイプ。本人はお金に無頓着で、ことさら儲けようとか貯めようという意識がないのですが、突然、大金が転がり込むことがあります。しかし、経済観念がないために、短期間で使ったり、人のために私財を投げ打ったり、詐欺に遭ったりして、たちまち財産を失う危険性が大。

本人としては直感に従ってやっていることで、それで悔やむという感覚も乏しいのです。1人だけの財産なら、それでも大きな問題は生じませんが、一緒に事業をしている相手や同居家族がいるときは、その破天荒さがトラブルにつながることも。大金を使うときは、家族や信頼できる相手に相談することも必要です。

2ハウスの冥王星

富や権力を熱望し手中にする勝負師

財産を得ることに、強いこだわりと執着があり、富や権力を熱望するタイプです。その情熱のなせる技で、お金が入る・増やせることへのアンテナは非常に鋭く、チャンスを逃さずに大金を手にすることが多いでしょう。誰も思いつかないような大胆な手法で、大きな富と権力を手中にすることもあります。

基本的に勝負強いので、投機などで大もうけすることも。ただし、油断するとややダークな手法に手を染めてしまう危険性もあるので、その方向性に行かないよう注意が必要。勝負強さを活かしつつ、危ない方向に行かないようにするには、信頼できる堅実な相手と組んでお金を運用するのもよい方法です。

知性や好奇心を意味する

3 ハウスの惑星

「自分の能力をこの世でどう活かすか」が３ハウスの基本的な意味です。生まれ持った素質、特に、好奇心、コミュニケーション能力、学習能力、情報収集力など、知的な分野でのスキルが、人生でどう活かされるかが示されます。知識を得るための行動という意味で、旅行や周囲の人との対人関係に関することもわかります。

3ハウスの 太陽

物事を深く探究し言語化して伝える

知的好奇心や知識欲が強く、物事を深く研究することを好みます。科学、文学、出版、情報処理関係の仕事や研究職などに向き、これらの分野の仕事に就けば、才能を存分に発揮できるでしょう。また、自分が考えていることやさまざまな物事を、言語化してわかりやすく伝えるスキルにもすぐれているので、教師や講師も適職といえます。

旅行が好きで、旅に出ることで視野が広がり、持ち前の知的好奇心も満足させることができます。出張やフィールドワークなどで、仕事上も旅をすることが多くなるでしょう。また、旅をきっかけに、さらに知識欲が刺激される世界へと、活躍の場が広がる可能性があります。

3ハウスの月

想像力を活かす
創作活動が向く

人にやさしく、愛情豊かでとても親切なので、多くの人に慕われます。ただ、気分屋のところがあり、そのときどきの気分で話すので、前後で口にすることが一致しないことが多いタイプ。本人としては、ことさら話をしなくても人の心がよくわかることもあって、言葉よりも心の交流を大切にしたいと思っており、言葉をあまり重視しない傾向があります。

イマジネーションが豊かで、絵や音楽、詩、小説、映像など、表現・創作する分野で仕事や活動をすれば、才能が大きく花開くでしょう。

小さい旅行に出ることが多く、その旅行で受けた刺激で、さらにイマジネーションを得て、作品をレベルアップさせることもあるでしょう。

3ハウスの水星

新しい世界に触れ
知識を吸収するのが喜び

好奇心が旺盛な読書家で、特にワクワクするようなストーリーやファンタジー系の本を好んで読みます。自分の知らない物事に触れて、知識を吸収することに大きな喜びを感じるタイプです。

理解力が高く、頭の回転が速いので、何をしても器用にこなせて、短時間で習得できます。話術にも長けており、豊かな知識をもとに興味深い話をして人を楽しませます。言葉選びや文章を紡ぐことにも独特のセンスが光ります。

研究、教育、出版、著述、広告など、頭脳を使う職種に就くことで才能を活かせます。仕事に関連して旅に出ることが多く、旅行との縁が深い人生になるでしょう。

3ハウスの金星

芸術作品に強く惹かれ
見分ける審美眼も持つ

争いを好まず、穏やかな人柄で、誰とでもすぐ打ち解けて友だちになれます。親兄弟や親戚など、身近な人とも愛情あふれる接し方をします。そうした身内からのサポートや援助にも恵まれます。

興味の対象は幅広いのですが、特に、音楽、文芸、絵画といった芸術分野に強く惹かれます。自分で作品を作るほか、それらを見分ける審美眼を持っています。自ら芸術作品を作る仕事に就くほか、それらを扱う仕事全般に向いています。１つのことに打ち込んで極めるよりは、広く浅く楽しみたいタイプなので、複数の分野にかかわるのもお勧めです。趣味でも芸術に触れることで、心が満たされ、運も開けていくでしょう。

3ハウスの火星 ♂

情報収集が得意で改革精神に富む

情報を集めるのが得意で、貪欲に知識を仕入れ、それを活かして社会で活躍します。世の中で常識とされていることや既成概念を打ち壊そうとする改革精神に富んでおり、人と議論することを好みます。

よりよい社会や環境を作るために、実りある話をしたいために、積極的に人と議論や討論をしたいと考えているのです。しかし、その真意が理解されないと、「やたらと議論をふっかけてくる人」と見られることも。ある程度、相手を吟味して議論することも大切です。

情報処理関係、IT関係、ジャーナリストなど、情報にかかわる分野で実力を発揮できるでしょう。旅行中や移動中の事故やケガに注意を。

3ハウスの木星 ♃

真理を求める知性派で頭脳を使う職業に向く

物事を突き詰めて考える知性派で、特に哲学に興味があり、真理を求めて深く考え込むこともあります。気の合う友人や仲間に恵まれ、一緒に哲学的な考察や議論をして、お互いに刺激し、高め合います。

教育、文筆、文系の研究者など、頭脳を使う職種に向き、それらに就くことで才能を活かせるでしょう。また、旅行関連の仕事にも向いており、自分自身も旅行好きなので、それを活かした仕事ができるでしょう。旅の途中で知り合った人が、思わぬ利益や幸運を運んでくることも。

知的なタイプではありますが、若い頃は落ち着きのなさが目立つ場合もあります。年を重ねるにつれて落ち着きが見られるようになります。

3ハウスの土星 ♄

口数は少ないが知的好奇心は旺盛

幼い頃、教育に何らかの問題があるなど、望ましい環境が得られなかった可能性があります。その影響もあって、口下手で悲観的なところがありますが、実は知的好奇心は旺盛で、学ぶ意欲は高いタイプです。

そのため、ある時期からは、幼少期のハンディキャップを補って余りあるほどの意欲的な学び方をし、集中力を発揮して豊かな知識を身につけます。寡黙ながらも、高い見識に基づいてじっくり判断し、価値ある言葉を発するので、周囲から信頼され、頼りにされます。そのことで、さらなる喜びが得られます。

教師や講師に向いており、もの静かながら生徒や学生のことをよく理解できる教職者になれるでしょう。

3ハウスの天王星 ♅

ユニークな着眼点で社会や会社に貢献

ありふれたことを嫌い、人とは違う着眼点をもって物事に取り組みます。そのため、「変わり者」扱いされることも多いのですが、インスピレーションを活かした独特のアイデアで、社会や会社に貢献したり、危機を救ったりします。

変わり者といわれる割には、人の気持ちがよくわかるところがあり、人づき合いは意外なほどスムーズで、多くの友だちを持っています。科学やIT関係、エンジニアなどの職種に向き、それらに就けば才能を開花させることができるでしょう。

じっくり考えるより、直感を信じて動くことで、正解にたどりつきやすくなります。小旅行中に災難に遭いやすいので要注意。

3ハウスの海王星 ♆

物事を直感的に捉え精神世界への関心が高い

神秘的なことや精神世界への関心が強く、また、それに関連する才能を持っています。鋭い直観力で人の気持ちが理解できるので、「なぜわかるの」と驚かれることも。スピリチュアル的な能力もあるため、それを活かして困っている人の相談にのり、喜ばれることも多いでしょう。

ただ、物事を直感的・感覚的に捉えるため、現実からかけ離れてしまい、周りの人を困惑させることもあります。シーンによっては、地に足を着けた考え方が必要になることを理解し、うまく切り替えができるようになると、本人も周囲の人も楽になります。せっかくの才能を活かすためにも、現実的なスキルも身につけるとよいでしょう。

3ハウスの冥王星 ♇

研究や勉強を続けその道の第一人者に

物事をじっくり観察し、分析することが得意です。興味の対象は狭いのですが、これと決めたらとことん追求する意志の強さがあります。自分が気になったものはどこまでも分析し、学ぶことを続けるので、何かの研究や勉強に打ち込めば、気がついたときにはその分野の第一人者になっているでしょう。

人に対しても観察眼と分析力を発揮するので、駆け引きや交渉ごとでも力を発揮します。そのため、営業や商売上の取引などで腕をふるうこともあります。ただ、ともすれば極端な考え方に偏り、人を強く批判して周囲から敬遠されてしまうことも。極端になり過ぎないよう気をつけ、バランス感覚を持つことも大事です。

家庭環境を意味する

4 ハウスの惑星

4ハウスは、「自分の土台を固める」という意味を持ち、そこから「家庭環境」や「住居」に関わることを示します。育った家庭環境や両親をはじめとする家族との関係性、家族や住居がその人にどんな影響を与えたかを読み取ることができます。また、家庭以外の居場所や心の拠り所、安らげる場所などの意味もあります。

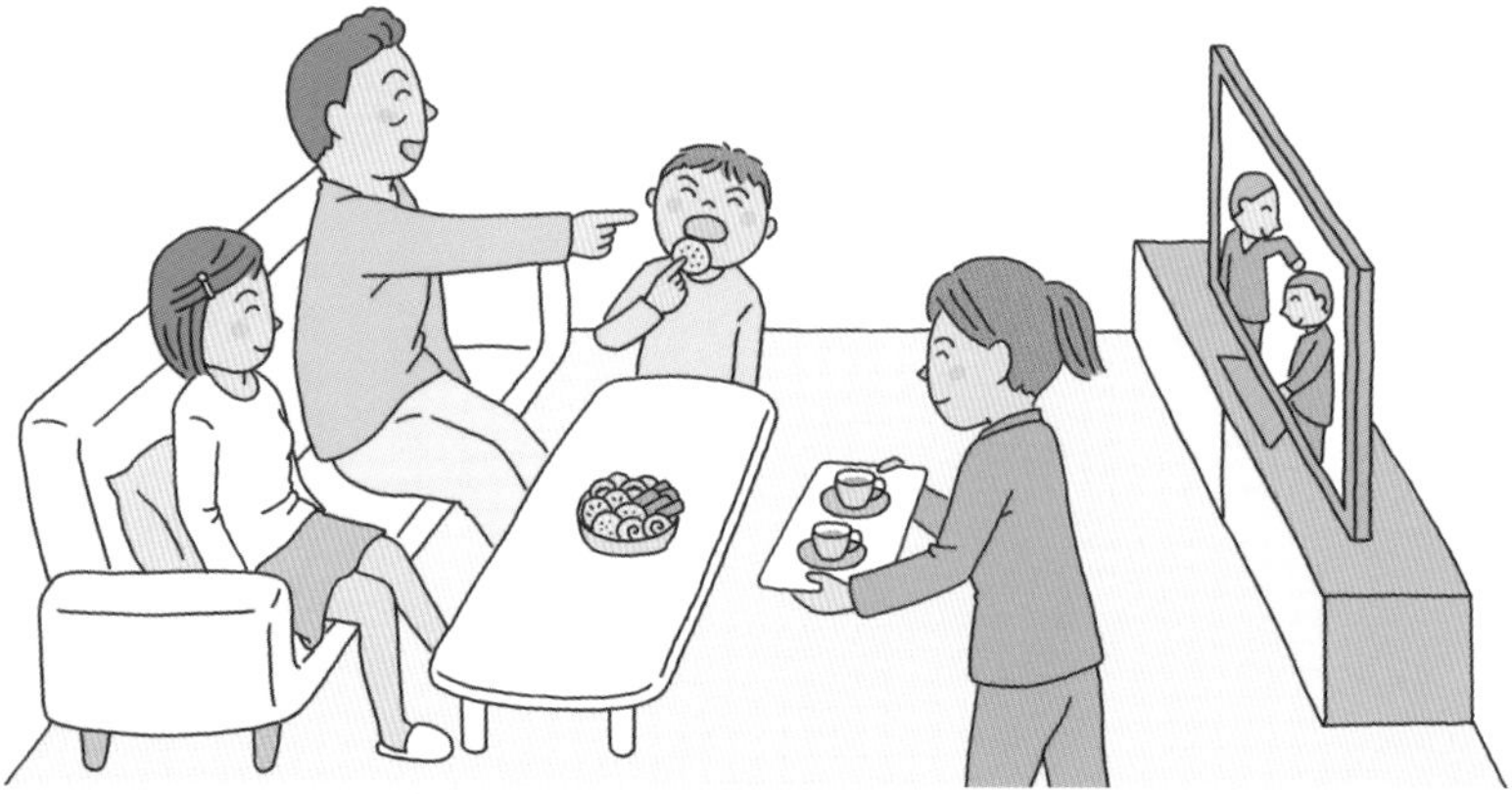

4ハウスの 太陽 ☉

仕事や趣味より家庭生活を優先する

親から惜しみない愛情を注がれ、明るい家庭で育った人です。同時に資産や不動産のある裕福な家庭で、それらを相続することが多いでしょう。自分が明るい家庭環境で育ったので、自らも同様の家庭を築きたいという強い意志があり、男女ともに、仕事や趣味より家庭を優先します。

社会的な地位や名誉より、精神的な充足を求めるという特徴もあります。その意味でも、家族との絆を深めて家庭を心の拠り所にしたいと考えます。波風が少なく安定した人生ですが、ときに、家族との幸せな生活を守るために、困難に立ち向かう必要が生じることもあります。そんなときには、自分の信念を貫く覚悟で挑むことが大切です。

4ハウスの月 ☽

変化が多かっただけに生まれ故郷に愛着を持つ

子ども時代に、変化が多く不安定な家庭環境や生活環境を体験した人です。たとえば、親の仕事の都合で転居を繰り返すとか、親が離婚や再婚をして家庭環境が激変するなどです。しかし、だからといって家庭や家族を嫌悪したり、軽んじたりするようなことはなく、むしろ家族や家庭生活、生まれ故郷などに強い愛着を抱くようになります。

住居に関することやインテリアなどにも強い関心があり、その関連のことを勉強する人、趣味や仕事にする人が多く見られます。生まれ故郷から離れて生活していても、年を重ねるごとに望郷の念が強くなり、晩年には生まれ故郷に戻って穏やかに暮らす人が多くいます。

4ハウスの水星 ☿

知性あふれる家庭に育ちさまざまな特技もあり

家族で知性あふれる会話をするような充実した家庭で育った人です。家族で旅行をしたり、外出したりと、レジャーを楽しむ機会も多い活気のある家庭です。親類や親しい友人家族などが、頻繁にやってきては会食やホームパーティーをして交流を深めるオープンな家庭でもあります。

家族で楽しむ一方で、両親は子どもの教育に熱心で、早い時期からさまざまな習い事をさせます。それが合っていた人にとっては、長じてからもさまざまな特技として身につき、習ったことが心の成長や拠り所としても役立つでしょう。しかし、それが合わなかった場合には、幼少期のトラウマめいた思い出として残る場合もあるので注意が必要です。

4ハウスの金星 ♀

満ち足りた家庭で育ちやさしくおおらかな性格

強い家庭運を持っており、あたたかく満ち足りた家庭環境で育った人です。また、経済的にも豊かな家庭で、何不自由なく育ちました。親はもちろん、兄弟姉妹も仲がよく、明るく朗らかな家庭です。そんな環境で育ったことから、本人もやさしくおおらかな性格で、あたたかい家庭を築こうとします。家庭に対して、同じような感覚を持つ人と交際・結婚するとうまくいくでしょう。

家の中は、常にきれいにして、美しいもので飾ったり、ハイセンスなものを置いたりすることを好みます。汚いところや散らかったところにいると、大きなストレスを感じ、幸運も逃すので、自分が心地よいと感じる環境を整えることが大事です。

4ハウスの火星 ♂

恵まれない家庭に育ち
自立心・独立心が旺盛に

両親の仲が悪かったり、兄弟ゲンカが絶えなかったりと、争いやトラブルの絶えない家庭で育った人です。そんな家庭環境の影響を受けて、独立心が強くなります。早い時期に生まれ育った家を出て、独立する人が多いでしょう。

家庭環境に恵まれないことをバネにして努力する人が多く、勉学やスポーツなどで力を発揮し、それが将来につながっていきます。

注意が必要なのは、油断すると家にまつわるトラブルに見舞われる場合があること。出かけるときの施錠や火の元には十分注意をしましょう。一方で、建物や土地に関係する投機によって、大きなお金を手にできる場合があります。

4ハウスの木星 ♃

家庭環境に恵まれ
家や不動産を相続

いろいろな面で家庭環境に恵まれた人です。家柄がよく、経済的に裕福で、家族仲も申し分なく、あふれる愛情を注いで育てられました。両親はほどほどに教育熱心で、幼少時から、本人が希望すればさまざまな習い事もさせてくれたでしょう。

何不自由ない家庭に育ちながら、本人は意外と無頓着で、その幸運を自覚していないことも多いもの。しかし、長じて自分が親になる年齢を迎えると、自分の生まれ育った家庭のすばらしさに気づくでしょう。

家にまつわることでは幸運がついて回るので、家や不動産を相続したり、不動産取引で大金を手にしたりします。家を買うなら、自然豊かな環境にある広い家が最適です。

4ハウスの土星 ♄

家庭環境の影響で
人付き合いに苦手な面も

「両親から十分な愛情を受けられなかった」「逆に親から過度な負担を与えられた」「経済的に恵まれなかった」「厳し過ぎる冷ややかな家庭だった」など、その人によってケースは違うものの、家庭で窮屈な思いや満ち足りない思いをしながら育った人です。

こうした家庭環境の影響から、人と親密になることに躊躇したり、無意識に距離をとり過ぎたりします。自分でこれを克服しないと、寂しい人生になったり、家庭を持ってもうまくいかなかったりする恐れがあります。信じられると思う相手、自分にとって必要と思う相手には、思い切って心を開いて近づくことも、幸せになるために必要です。

4ハウスの天王星 ♅

変わった家庭での育ちが自立心や個性を養う

一般的な家庭とはかけ離れた、ちょっと変わった家庭で育った人です。例えば、親が自分たちのことをファーストネームで呼ばせたり、子どもにしつけらしいことはしないで自由にさせたりと、既成概念にとらわれないユニークな家庭です。子どもにとっては一見、よい環境のようにも見えますが、実は愛情の注ぎ方は淡白で、親というより友だちのような関係性になりがちです。

本人は、何となく「ほかの家庭と違う」と感じ、満ち足りない感覚を持つことも。しかし、自立心や個性は十分に養われ、早くから独立して自分らしい人生を送ることができます。大人になってからのほうが、親と仲よくつき合えるかもしれません。

4ハウスの海王星 ♆

寂しい家庭で育ち空想がちな子どもに

複雑な家庭環境だったり、親が留守がちだったりして、愛情面で少し寂しい思いをしながら育った人です。親が経営者や芸術家だったり、店を持っていたりして忙しく、子育てに十分な時間と気持ちを注げない環境ということも多いものです。

こうした環境の影響から、現実逃避のために空想がちな子どもになったり、何かの趣味にのめり込んだりすることもあります。これらのことがプラスに働くと、大人になってから芸術的才能として花開くことも。一方、マイナスのまま大人になると、うつ傾向などメンタル面の問題を持つ恐れもあるので要注意。自分はあくまでも自分だという感覚を持って、大切な人生を生きていきましょう。

4ハウスの冥王星 ♇

多くを先祖から受け継ぎ悩みながら成長

家族という単位ではなく、家系、つまり先祖から受け継ぐものが多いことを示しています。受け継ぐものとしては、財産や土地のほか、代々引き継がれてきた家業や遺伝的な特性など。そのため、仕事を選ぶときの足かせになる場合も。若いときには、「なぜこの家に生まれたのだろう」と悩むこともあるでしょう。

しかし、やがて、その家業を受け継ぐことが真の幸せと感じる場合もあります。可能なら、最初から固定的に考えず、親と話し合って好きなことをする期間を設けるとよいでしょう。「反発するだけ」「従順になるだけ」なのは、どちらも自分と家族にとってよくありません。根気強く話し合うことで運が開けます。

恋愛や娯楽を意味する

5 ハウスの惑星

喜びや感動の体験を示すハウスです。恋愛、趣味、娯楽、自己表現、レジャーなど、楽しいことや感動すること全般を意味するほか、子どもにかかわることやさまざまな創作活動、ギャンブルに関することなども、このハウスで読み解けます。西洋占星術では、恋愛と結婚は分けて捉え、恋愛は５ハウス、結婚は7&8ハウスで見ます。

5ハウスの 太陽

多くの恋愛を経験し 芸能や演劇活動に向く

派手好きで華やかなタイプで、恋愛にもその傾向が現れます。本人は社交的でモテるため、多くの恋愛を経験しています。それだけに、自由奔放な恋愛観を持ち、スマートに恋愛そのものを楽しむというスタンス。恋愛相手も、おおむね似た感覚を持つ人で、恋多き人である割には、トラブルは起こりにくいでしょう。

芸能、演劇、娯楽分野の活動に適性があり、それらで自分自身が楽しむとともに、人を楽しませることに向いています。多くの人を招いて行うパーティーは、出席するのも主催するのも大好きで、そこでの新たな出会いも含めて楽しみます。子どもとの縁は希薄で、子育てより自分の人生を充実させたいと願うタイプ。

5ハウスの
月

情緒が豊かで恋愛でも「情」を大切にする

感受性や情緒が豊かで、それを活かした創作活動に向いています。特に、女性や子ども向けの作品を手がけることで大きな喜びを感じ、人にも感動を与えられるでしょう。

情緒が豊かなので、恋愛でも「情」を大切にします。もともと誰にでも親切で世話好きですが、恋愛の相手にはさらにやさしく接し、尽くす傾向があります。相手のタイプや関係性によっては、共依存に陥る恐れがあるので要注意。やさしくすることと、相手のいいなりになることとを区別することも大事です。

誰かを好きになるとのめり込んでしまう傾向もあるので、恋愛以外に熱中できる趣味や創作活動を、常に持っておくのがお勧めです。

5ハウスの
水星

知性あふれる会話で刺激し合う恋愛

知性あふれる遊びが好きで、仲間と知識や発想力を競い合ったり、知力を要求されるゲームをすることに喜びを感じます。資格の取得に向けて勉強したり、上達を目指して習い事をするのは、はた目には大変なだけで遊びには見えませんが、本人にとっては知的好奇心を満足させてくれる楽しい遊びです。

恋愛面でも、知性ある相手と知的な会話をすることでワクワクするタイプ。相手との関係性は、一見あっさりしていますが、互いの知性を刺激し、内面を高め合うハイレベルな恋愛関係を築きます。ただ、ときに飽きっぽさが顔を出し、突然に別れ話を切り出して相手を傷つけることがあるので、自制心も必要です。

5ハウスの
金星

美を追究する気持ちが恋愛観の根底に

自分自身が容姿端麗であり、また美しいものを好みます。自分が美を感じる絵や音楽、映像などの芸術を愛するとともに、自らも創作活動を通じて美を追究します。自分自身の姿も、常にきれいに保つための努力を惜しみません。

恋愛面でも美しさを求める気持ちがあるため、ロマンチックなムードを大切にします。自分でも演出して、相手を驚かせたり、感動させたりして楽しむタイプです。洗練された雰囲気のなかで、2人で静かに過ごす時間を大切にしたいと考えるので、現実的過ぎる相手や騒々しい雰囲気の相手とは合わないでしょう。

元来子ども好きで、自分の子どもが生きがいになる人もいます。

5ハウスの火星 ♂

ドラマチックな恋を多く経験する情熱家

情熱的でドラマチックな恋愛を数多く体験します。恋愛は刺激がないとつまらないとすら思うほど、恋の駆け引きやスリリングな出来事などを楽しむタイプです。その分、穏やかな安定したつき合いを求めることとは相性がよくありません。

恋愛以外でも、スリルを求めて勝負ごとやギャンブル、冒険に惹かれるところがあり、生活全体がリスキーです。ほどほどのスリルを楽しんでいる分にはよいのですが、後先考えずに行動すると、いろいろな意味で危険な目に遭う恐れがあるので、ときには立ち止まってじっくり考えることも必要。信頼できる人のアドバイスを受け、重大なことはその人に相談するというのもよい方法です。

5ハウスの木星 ♃

恋愛運に恵まれ自分は動かずに成就

芸術全般を愛する人で、自分で絵を描いたり、音楽作品を作ったりするほか、美術館、展覧会、演奏会などに行って楽しみます。文章のセンスもあるので、文芸作品を楽しんだり、自分で書いてインターネットに発表したりと、幅広く活動します。

自分の好きな作品を作るアーティストを、経済的・社会的にサポートすることも積極的に行い、それによっても喜びを感じるタイプです。

恋愛運に恵まれ、自分が動かなくても、人が紹介してくれたり、相手から告白されたりして、労せずしてハイレベルな恋愛が成り立ちます。ただ、ときにはそのことにもの足りなさを感じる場合も。ときめいた相手には、自分から動くことも必要。

5ハウスの土星 ♄

一途に思い続け時間をかけて実る恋

娯楽や快楽には余り関心がないタイプ。遊びであっても、ビジネスやスキルアップにつながるものを選ぶなど、常に実利が頭にあります。長い歴史や伝統のあるものに興味を抱きますが、その場合も、純粋にそれらを楽しむというよりは、ビジネスチャンスをうかがいながら調べたり、関係者に接触したりします。

恋愛に関してはきわめて慎重で、好ましいと思うくらいでは、自分から積極的にアプローチしたり、距離を縮める行動に出たりすることはまずありません。そのため、恋が始まらないケースが多いのですが、いったん惚れ込むと、どこまでも一途に思い続けるので、長い時間をかけて恋が成就することもあります。

5ハウスの 天王星 ♅

常識にとらわれない 自由奔放な恋愛観

平凡なこと、月並みなことは価値がないと思っており、何事につけても独自性や自分らしさを重視します。恋愛についても同様で、常識や一般的な感覚にとらわれずに、突飛な方法でアプローチしようとします。

その手法に対しては好き嫌いが分かれるため、驚きながらも感動してくれる相手なら相性がよいのですが、嫌悪される場合もあるので、告白は賭けでもあり、覚悟が必要です。

自由奔放な恋愛スタイルを求めるので、不倫やスキャンダルなどを気にせず突き進むところがあり、ともすれば社会的なトラブルを巻き起こします。関係者を巻き込んで大きな問題になる前に、少し冷静になって考えることも大切です。

5ハウスの 海王星 ♆

ロマンやムードを重視 して念入りに演出

感情の起伏が激しく、映像作品や文芸作品は、大笑いや大泣きできるものを好みます。一方で、潜在意識や精神世界など、目に見えない世界に対して強い関心があります。目に見えないという意味では、夢やファンタジーの世界に浸るのも好きで、そういった作品も楽しみます。

恋愛にはロマンやムードを求めるので、現実的な相手とは合いません。恋愛中は、自らロマンチックなムードを演出し、2人の世界にどっぷりはまる時間を大切にします。ただし、ロマンを求めるあまりに「秘密の恋」や「三角関係」などにはまってトラブルを起こすことも。現実世界には最低限のルールもあるので、その点は自覚しておきましょう。

5ハウスの 冥王星 ♇

恋愛にスリルを求め 運命の相手と恋に落ちる

多くの人が避けたいと思うような、重く暗いテーマを好む傾向があります。そのような小説や映画を好むだけでなく、実際に死と隣り合わせの極限状態で行う冒険体験や危険なスポーツに惹かれます。

スリルを求める傾向は恋愛にも反映され、恋愛はいつでも真剣勝負。相手のためになら、自分の全てを捨ててもいいというほどの覚悟を持って挑みます。実際に、前世からのつながりと思えるほど、運命の相手と巡り合い、強烈な恋愛をすることもあります。ただ、性格が激しすぎるため、相手を疲れさせ、傷つけて破局を迎えることも。ときには気持ちに余裕を持ち、ゆったりした気分で人とつき合うことも必要です。

労働や健康を意味する

6ハウスの惑星

6ハウスには「社会のなかでの自分を確立する」という意味があり、そのために不可欠な仕事、職業、労働、義務などを示します。仕事に関する能力、適性、仕事上の人間関係などについても6ハウスで見ることができます。さらに、仕事をつづけるためには不可欠である健康について、心身の状態がどうなのかも読み解けます。

6ハウスの 太陽 ☉

自分の役割を心得て社会や組織に貢献

その集団や組織の中で、自分が果たすべき役割をはっきり心得ており、「貢献したい」「役立ちたい」という熱い思いを持っている人です。実務能力にすぐれており、物事を効率よくテキパキと片付けていきます。そのため、周囲から信頼されて責任ある仕事を任せられ、それを次々にこなすことで上り詰めていきます。

ただし、自分の体を二の次にしてハードに働く傾向があるため、過労や睡眠不足から健康を害する危険性があります。特に心臓に負担がかかりやすいので要注意。自分がめざす役目を果たすためには、健康が不可欠であることを改めて認識する必要があります。体に気を配り、健診もきちんと受けることが大切です。

6ハウスの月

奉仕の気持ちが強く 大衆相手の仕事に向く

誰かに奉仕するというスタンスで働くことが好きで、特に大衆を相手にした公共サービスやその他のサービス業、飲食業、雑貨を扱う商売などに向いています。女性や子どもに役立つシステムづくりなどにも適性があり、役立つアイデアを次々に生み出して評価されます。

ただ、一方では気まぐれなところがあり、1つの仕事や会社に長くとどまるのが苦手で、気持ちが変化するままに転職することもあります。その意味では、ある程度動きが自由になるフリーランスやスペシャリストとして働くスタイルが向いているといえるでしょう。健康面では胃腸が弱点になりがち。ストレスを上手に発散することが大事です。

6ハウスの水星

駆け引きや交渉術に長け 頭を使う労働に向く

頭脳を使う職種全般に適性があります。学者、研究職、大学教授などのほか、計算や文書作成などを一手に引き受ける事務職、経理、秘書などにも向いています。机上の計算だけにとどまらず、人を相手にする駆け引きや交渉術にも長けているので、営業や接客、ディーラーなどとしても成功する可能性を秘めています。

健康面では、ストレス性の胃腸炎や精神疾患、神経疾患に注意。好きなことを楽しむ時間を作り、うまくストレスを発散して、リラックスすることが、健康維持の秘訣です。また、パソコン作業やデスクワークの負担から、腕や肩の炎症を起こすことも。それらの作業のときは、時間を区切って休憩をはさみましょう。

6ハウスの金星

好きな趣味を仕事に 活かして大成する

仕事は仕事、趣味は趣味と割り切るのではなく、好きな趣味を仕事にすることで活躍できるタイプです。すぐれた審美眼も持っているため、絵画系を中心にしたアート、美容、ファッション、インテリア、装飾、アクセサリーデザイン、メイク、コーディネーターなどの分野で頭角を現すでしょう。

協調性と思いやりがあるので、仕事上の人間関係は良好。人付き合いのよさと才能の高さで人気が高まっていくでしょう。趣味を兼ねてこれらの仕事を長く続けていくことで、いずれはその分野のカリスマ的な存在になることも夢ではありません。

健康面では、腰痛や腎臓の不調、のどの不調に注意が必要です。

6ハウスの

火星 ♂

仕事に情熱を注ぎ込み 体を使ってやり遂げる

仕事に対して、非常に熱心で情熱を注ぎ込みます。事務仕事よりは、体を使う仕事や車の運転をする仕事などに向いており、スポーツ選手、職業運転手、レーサー、ツアーガイドや登山ガイド、職人、営業などの仕事に適性があります。

　何事にもエネルギッシュに取り組み、勝負を好むので、実力本位の仕事に就くと、日々、勝負感覚でイキイキと働くことができるでしょう。単純に勝ち負けにこだわっているわけではなく、「自分に勝つ」という面も重視するので、自制心も働き、リーダーとしての資質もあります。

　健康面では、過労や事故、ケガ、ヤケド、熱中症などに注意が必要。

6ハウスの

木星 ♃

仲間と仕事に恵まれ 楽しく働ける

基本的に仕事や職場仲間に恵まれ、ストレスを感じないで楽しく働けます。仕事の適性は幅広く、社員でも経営者でも、またフリーランス的な働き方でも、能力を発揮して評価されます。ですから、職種や働き方は選びませんが、どちらかといえば、オフィスで事務をしているよりは、出張や外回りの多い仕事により向いています。起業するのもお勧めで、成功につながりやすいでしょう。

　恵まれていることに甘えず、自分でも努力するタイプなので、実績を重ねるごとに報酬が増え、やりがいを感じられます。健康面はほぼ良好ですが、忙し過ぎると、過食、肥満、肝臓疾患を招く危険があります。健康を過信しないで気を配りましょう。

6ハウスの

土星 ♄

仕事への責任感が強く 困難にも粘り強く対応

仕事に対する責任感がたいへん強く、いったん引き受けた仕事は、困難があっても粘り強く取り組んでやり遂げます。職場では、「縁の下の力持ち」のような役目を果たしており、派手ではありませんが、全体を支える不可欠な存在です。

　職種としては、不動産や農業、林業など、土地に関わる分野に適性があります。また、伝統産業にも縁が深く、伝統工芸の職人や、そうした工芸品を作る会社や工房の仕事などに向いています。伝統ある仕事にかかわることで、自分としても深い充足感を持つことができます。

　健康面では、皮膚、骨、関節の不調や病気に注意。これらの症状が出たら、放置しないで早めに受診を。

6ハウスの 天王星 ♅

斬新なアイデアを仕事に活かして実力を発揮

人が思いつかないような斬新なアイデアを生み出す名人。単に新しいことを思いつくというだけでなく、天才的なヒラメキがあります。

高度な専門職や特殊技能を要求される技術職、発明家、数学者などの仕事に就くと、その天才ぶりが余すところなく発揮されます。ただし、考え方が独特で、極端なところがあるので、ルールの多い組織には向かない場合も。スペシャリストとして、フリーランス的な働き方をするほうが、実力を出せるでしょう。

生活が不規則になることが多く、その影響から自律神経のバランスをくずすなど、神経系の症状が出やすい傾向があります。才能を無駄にしないためにも生活リズムを大切に。

6ハウスの 海王星 ♆

癒しや安らぎを提供する仕事に就けば成功する

人を癒す仕事や安らぎを提供する仕事に向いています。医師、ナース、セラピスト、鍼灸師、整体師、エステティシャンなどになると、自分の特性を活かすことができ、喜びを持って働けるでしょう。

イマジネーションや直感力にもすぐれているので、絵画系や音楽系などのアーティストにも適性があります。特に、人を癒したり、人に安らぎを与えたりすることを念頭に制作すると、人の心に強く訴えかける作品ができるでしょう。

健康面では、お酒やタバコ、鎮静剤などの依存症に注意。依存症は自分では気づきにくいので、周囲の人からアドバイスされたら、素直に聞いて受診することが大切。

6ハウスの 冥王星 ♇

やりがいを重視して仕事を選び真剣に働く

楽で報酬の高い仕事を求める気持ちは微塵もなく、「自分が心から打ち込めるか」「やりがいを感じられるか」のみで仕事を選ぶ人です。

その結果、人が選ばないような変わった仕事や危険な仕事、報酬の割にはきつい仕事などを選ぶことが多くなります。冒険家や登山家、建築関係、考古学関係などの仕事に就き、表に出ない部分で努力を重ねるタイプです。効率のよい仕事を紹介されても、自分がやりがいを感じなければやらないので、「変人」と呼ばれることもありますが、本人にとっては譲れない部分なのです。

健康面では、泌尿器や生殖器が弱い傾向があるので要注意。気になる症状があれば、必ず早めに受診を。

結婚やパートナーを意味する

7 ハウスの惑星

7ハウスは他人との関わりや社会活動などを意味し、特に大切です。結婚や仕事のパートナーを示しますが、特に結婚運に関して重要。ここに惑星がないときや、凶星とされる火星、土星、天王星が入っている場合は、結婚に思わぬ障害が出る恐れがあるので要注意です。なお、結婚運は、7ハウスと8ハウスの両方で見ていきます。

7ハウスの 太陽

すばらしい相手に恵まれ結婚が大きな転機に

公私ともに、すばらしいパートナーに恵まれます。結婚のパートナーは、心から愛し合い、支え合える人で、満ち足りた結婚生活が送れます。

そんなパートナーと結ばれることで、安らげる家庭を基盤に、仕事に全力で打ち込めて、大きな成功を手にします。独身時代からしていた仕事が、結婚を機に大きく発展し、社会的地位が高まる人もいます。

また、仕事のパートナーも、心から信頼でき、お互いを補い合って、一緒に事業を発展させたり、プロジェクトを成功させたりできる相手です。結婚でもビジネスでも、強力なライバルが出現することがありますが、諦めずに誠意を持って対応することで、ライバルに勝てるでしょう。

7ハウスの月

結婚相手の気持ちに振り回される恐れあり

人の気持ちや感情がよくわかるだけに、その影響を強く受けます。そのため、結婚や仕事でパートナーに振り回されてしまうことがあります。

結婚の場合、穏やかな相手なら、そんな部分も含めて理解してくれるので、むやみに振り回すことはせず、安定したつき合いができます。その場合は、本人がもともと持っている愛情豊かな特性が発揮され、幸せな結婚生活が送れるでしょう。

自己主張の強い相手の場合は、影響を受けすぎて、自分の本当の気持ちがわからなくなるほど混乱することも。相性をじっくり見極めて相手を選ぶことが大切です。ビジネスの場合も、自分が落ち着いて自分らしさを出せる相手を選びましょう。

7ハウスの水星

理知的な相手との結婚が大きなチャンスをもたらす

知的で社交的なので、つき合う相手にも知性を求めます。特に、結婚相手としては、理知的で話がうまく、知的な会話を楽しめる相手を選びたいと考えます。さらに、一緒にいるだけで高め合える関係の人を探し求め、実際にそういう相手と巡り会って結婚することが多いでしょう。

精神的なつながりを大事にするので、共通の知的な趣味を持っていて、一緒に楽しめる人ならなおよいでしょう。例えば、同じ本を読んだり、一緒に映画を見たりしたあと、感想を述べ合って議論に発展し、実りある話ができたときなどに、深い充足間を抱きます。結婚が人脈やビジネスチャンスを運んで来ることも多く、結婚後は大きく飛躍できるでしょう。

7ハウスの金星

人にうらやましがられる相手と幸せな結婚

誰からもうらやましがられるほど、やさしく愛情豊かで、容姿も素晴らしく、経済的にも裕福な相手と結婚します。浮気の心配なども不要で、一途にまっすぐ愛してくれるので、まさに言うことなしです。それを自慢するわけでもなく、穏やかに暮らし、自分も相手に尽くすので、幸せな結婚生活が送れるでしょう。

ビジネスでも、信頼できて能力の高いパートナーに恵まれます。特定の人だけでなく、多くの人が協力やサポートをしてくれるので、ビジネスでも成功することが多いでしょう。資金援助を受けることもありますが、きちんと返済することが大切。そこでルーズになると、せっかくの幸運を逃すので気をつけましょう。

7ハウスの火星 ♂

情熱の赴くままの電撃婚で周囲を驚かせる

ほとんど交際期間もない相手と、急に結婚すると宣言したり、情熱の赴くまま衝動的に結婚したりして、周囲を驚かせます。結婚相手にとってはドラマチックで、そこも魅力に見えるかもしれません。

短期間で結婚を決めても、相手とフィーリングが合って、平穏に長く結婚生活を営める場合もありますが、衝動的に相手を振り回すことが続くと、結婚生活が破綻することも。

ビジネスでも、仕事熱心なあまりに激しい表現をして誤解されることが少なくありません。気持ちをストレートに出す前に、ワンクッション置いて表現を工夫することも必要です。それだけで、今までよりずっとトラブルが少なくなるでしょう。

7ハウスの木星 ♃

申し分のない相手と安定した結婚生活

人間関係全般に恵まれていますが、なかでも結婚のパートナーは申し分のない相手です。誠実で頼りがいがあり、社会的地位が高く、経済的にも豊かです。さらに、人間的にもすぐれていて、惜しみなく愛を注いでくれます。このような相手と巡り会い、周囲の祝福のなかで、晴れて夫婦になることができるでしょう。結婚後の生活も、落ち着いて安定しており、幸せな家庭を築けます。

仕事でもポイントは「人」で、ビジネスパートナーや取引先の人、友人などがきっかけ作りをしてくれて、事業や商売が大きく発展する可能性があります。どんなときも人を大切にすることが大事で、それによって幸運を招くことができるでしょう。

7ハウスの土星 ♄

年上のパートナーと晩婚ながら幸せに

何かにつけて人生のイベントが遅くなりやすいのですが、結婚も例外ではなく、晩婚になる傾向があります。相手はかなり年上で、物静かで穏やかな人。深いところで人間的に理解し合える相手なので、一緒にいてホッとするような安心感が持てるでしょう。晩婚でも幸せな結婚ができるので、心配は要りません。

ただし、「黙っていてもわかってくれる」とは思い込まずに、対話を心がけることが大切。それによって、さらに円満で満ち足りた結婚生活を送ることができます。

ビジネスでは、共同事業は避けたほうが無難です。相談役は必要ですが、事業をするなら1人でするほうが、成功する確率が高まるでしょう。

7ハウスの天王星 ♅

ありふれた結婚は嫌って ユニークなスタイルで

ちょっと変わった相手と、風変わりな結婚生活をする傾向があります。もともと本人も、ありふれた結婚観にはとらわれておらず、むしろ常識的な考え方を嫌うところがあります。同じような感覚と持つ相手と結ばれると、やはりユニークな結婚スタイルになるでしょう。遠距離恋愛ならぬ遠距離結婚や、週末の通い婚などといった形式をとる場合もあります。もちろん2人が同意していて、それが自分たちの幸せの形ならば、何も問題はありません。ただ、両親などが心配することもあるので、上手に説明することが大事です。

ビジネスでは、誰かと組むより、自分の自由な発想で展開するほうが、運が開けます。

7ハウスの海王星 ♆

華やかな相手と 派手な結婚式を開催

ロマンチックな結婚を求める気持ちが強く、相手にはアーティストやクリエイター、芸能関係の人などを選ぶ傾向があります。きらびやかな相手と華やかな結婚をしたいと考えるので、結婚式は派手になりがち。念入りに準備をしておいて、出席者がアッと驚く演出をすることも。

結婚後の生活は、現実的にならざるを得ないので、ロマンだけに浸っていると衝突することもあります。逃げずにきちんと話し合うことで、真の結婚生活が成り立つでしょう。

ビジネスでは、相手のことを十分に知る前に、雰囲気だけで契約してトラブルを招く危険性があります。相手や会社のことを事前に調べ、冷静に判断することが重要です。

7ハウスの冥王星 ♇

劇的な恋愛で結ばれ 結婚を機に成長

ドラマのような劇的な恋愛をしたあと、結ばれて感動的な結婚をします。それまでは人に尽くすタイプではなかったのに、結婚を機に相手に尽くしたいという気持ちが生まれます。自分本位の考え方を捨て、相手の幸せこそが自分の幸せと思うようになります。このように、結婚によって考え方が大きく変わり、そのことが人生の転機にもなります。

結婚でひと回り成長することで、さまざまなことが以前よりうまく回っていくようになるでしょう。ビジネスでも、よいパートナーや商談相手に恵まれ、交渉などがスムーズにまとまります。ただ、何かの拍子に急に落ち込むことがあるので注意。そんなときは、早めに人に相談を。

相続や性を意味する

8 ハウスの惑星

8ハウスの基本的な意味は「死」と「性」。死そのものより、誰かの死によって受け継ぐもの、つまり相続する遺産などにかかわる情報がわかります。また、セックスに対する本人の考え方やスタンスが示されます。このほか、スピリチュアル的な能力についても、8ハウスで読み解ける場合があります。

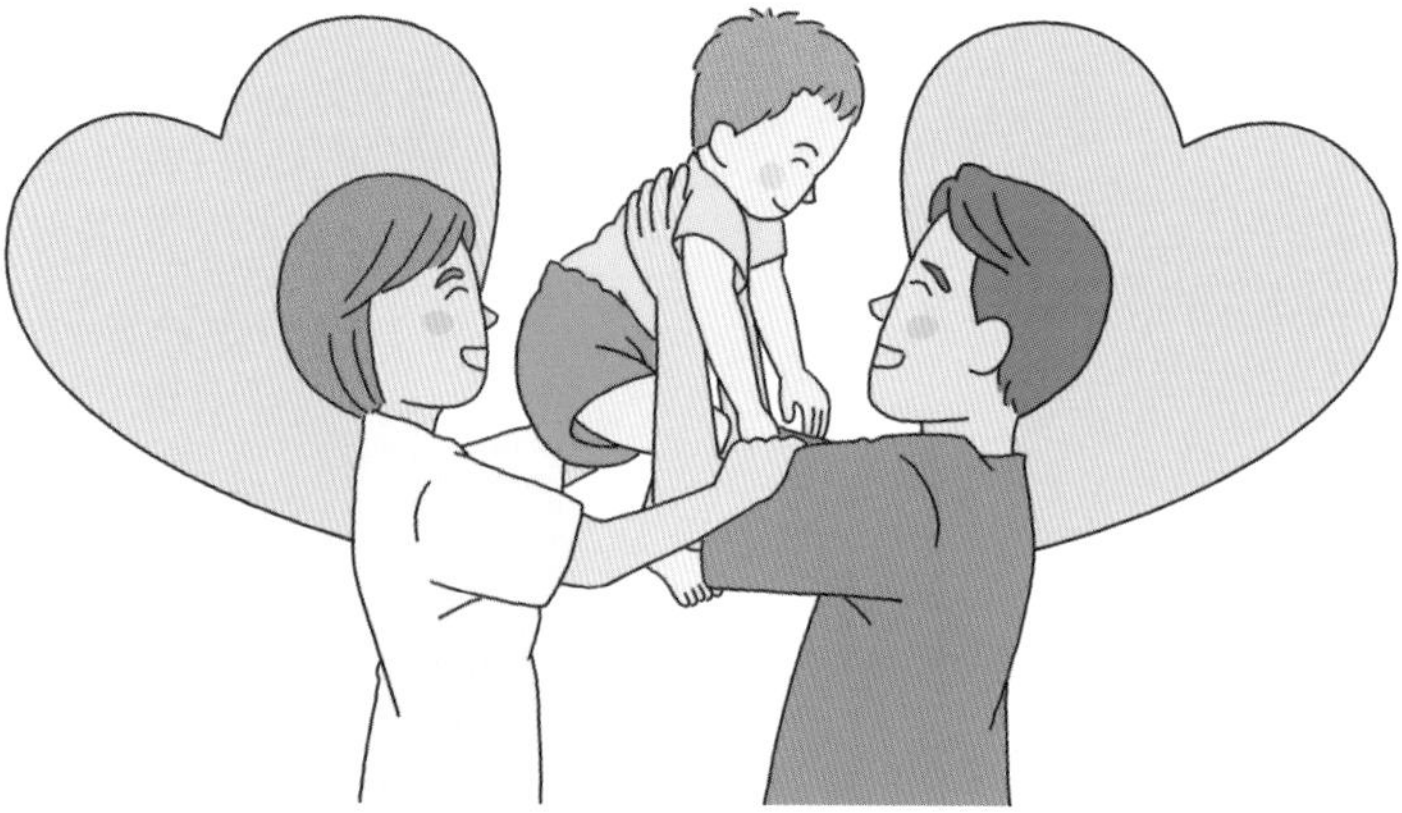

8ハウスの 太陽 ☉

地位や財産を受け継ぎ人生がガラリと変わる

親や配偶者、ときには血のつながりがない人から、財産を受け継ぐことがあります。お金や不動産だけでなく、社会的地位なども含めて受け継ぐことが多いでしょう。そのことによって、以後の人生がガラリと変わって、経済的に豊かになり、劇的な変化がもたらされる場合も。

セックスについては、基本的に開放的で健康的に楽しみます。あくまでも明るいタイプだからそうなるのですが、誤解されることも。特に、結婚後に複数の相手とつき合うとトラブルを招くので避けましょう。

精神世界について学究的な意味で関心を持ち、研究する傾向があります。これについても「怪しい」と誤解を招かないよう注意を。

8ハウスの月

母親から受け継いだ遺産が経済的支えに

結婚をきっかけとして、さまざまな変化に見舞われます。実質的に住居や環境が変わるだけではなく。内面的な思考や感覚が変わり、結婚前よりかなり落ち着いて物事に取り組めるようになるでしょう。

セックスは愛を確かめ合うための重要なコミュニケーションと捉えており、感情面で満たされることを重視します。そのために、ムード作りや演出にもこだわります。

母親や近親者から遺産を受け継ぎ、それが経済的な支えになることがあります。スピリチュアル的なことに対して感性が鋭く、霊の存在に気づくことも。その力を解放し過ぎると、自分がつらくなることもあるので、適度に制御することも大切です。

8ハウスの水星

技術や知識、スキルを先人から受け継ぐ

先人からのスキルや技術、知識などを受け継ぐ人です。それが会社関係であれば、日ごろの仕事を通じて徐々に引き継がれていくでしょう。専門的な技術などであれば、弟子入りをして体で学ぶことが多いでしょう。いずれにしても、見込まれた人として、熱心に学んで受け継ぐことになります。

セックスに対しては、先にいろいろな知識を仕入れてから臨む傾向があります。見方によってはワンパターンに陥りがちですが、それが相手に安心感を与えることもあります。

心理学や精神学、生死にかかわること、オカルトなどに関心があり、興味本位ではなく、純粋な学問として探究しようとします。

8ハウスの金星

多くのものを相続しさらに援助を受ける

男女問わず、異性から見てとても魅力的で、性的なアピール力の強い人です。セックスを楽しもうとする気持ちも強く、異性とつき合うときはその面での満足感を重視します。相手と気持ちのバランスがとれている間は、割り切って楽しめていいのですが、そこに偏りが生じるとトラブルを招くことも。ときにはストーカー被害に遭う危険もあるので十分な注意が必要です。

強い相続運があり、親からの相続や結婚によって大きな財産を得ることがあります。あるいは、援助を受けることも多いでしょう。

心霊現象に興味がありますが、あまりはまり過ぎると心身に悪影響が出る恐れもあるのでほどほどに。

8ハウスの火星 ♂

思いがけなく地位や遺産を受け継ぐ

思いがけない出来事から、誰かの地位や大きな財産を引き継ぐことがあります。血縁者や配偶者とは限らず、他人から譲り受けることもあり得ます。普通なら、おとなしく引き継ぐのみですが、それを運用してさらなる財産を生み出そうとし、それが見事に成功するタイプです。ただし、一時的な感情で動くと大失敗することもあるので要注意。

セックスの面では、男女ともにアグレッシブで、刺激を求めます。ともすれば相手を支配したいという気持ちが高まることがあり、それがあとのトラブルを招くことも。ベッド上でもそうでなくても、威圧的な態度は相手を傷つけます。自分のためにもコントロールが必要です。

8ハウスの木星 ♃

結婚で財産を手に入れビジネスの出資者も出現

結婚によって、大きな財産を得る傾向があります。例えば、結婚相手が資産家だったり、多くの不動産を持っていたりして、それが自分にも入ってくるという具合です。財産をあてにして結婚したわけではないのですが、結果的にそうなることが多いのです。

ビジネスでも周囲からの精神的・経済的サポートに恵まれます。不思議と必要なときに出資者が現れ、必要な額の出資をしてくれるという強運の持ち主です。

セックスは自由奔放で、相手の人数も多い傾向があります。上手につき合っていかないと、大きなトラブルに発展する場合もあるので注意が必要です。

8ハウスの土星 ♄

困難な相続問題はじっくり取り組んで解決

困ったときに身内からの金銭的援助が欲しいと思っても、その面ではあまり期待できないでしょう。相続についても、受け継ぐものは少なく、苦労と困難が立ちはだかることが多いでしょう。身内と相続問題でもめたり、相続内容に借金が含まれていて苦慮したりするかもしれません。

相続に関して問題が起きた場合は、腰を据えてじっくり取り組む必要があります。なお、保証人になったり名義を貸したりすることは、トラブルにつながりやすいので禁物です。

セックスへの関心は希薄で、むしろ抵抗感を抱くことさえあります。セックスレスになる危険性もあり、結婚している場合はカウンセリングを受ける必要があるでしょう。

8ハウスの天王星 ♅

結婚後は経済面で苦労 大きなトラブルも

結婚後、一時的に豊かになることがありますが、長続きせず、経済面で苦労することが多いでしょう。特に、配偶者の財産や遺産に関して、突発的な出来事が起き、大きなトラブルにつながる危険性があります。早めに、弁護士などの専門家を頼んで対処するのがお勧めです。不運ですが、問題解決に向けてともに苦労することで、配偶者との結びつきはむしろ強まり、信頼し合える関係になれるでしょう。

　セックスに関しては、もともとは「自由でいたい」「配偶者に束縛されたくない」という気持ちが強いのですが、配偶者との精神的な結びつきが強くなるにつれて、落ち着いてくることが多いでしょう。

8ハウスの海王星 ♆

相続は期待できない 地道に稼ぐのが近道

相続運はあまりないタイプです。そのため、相続や結婚によって手に入る資産をあてにするより、地道に働いて稼ぐほうが、結果的に財政が安定し、幸せに暮らせます。堅実にやっていけば、ゆくゆくは大きな財産を持つこともできるでしょう。

　セックスについては、どちらかといえば受け身になりがち。嫌がるとか消極的というわけではありませんが、相手に合わせようとするのです。相手に合わせることで喜びを感じるので、パートナーは遠慮しないで自分がリードしてもよいでしょう。

　スピリチュアル的なことに対する感受性が強く、人には見えないものが見えることも。その力は興味本位で扱わず、慎重に対処しましょう。

8ハウスの冥王星 ♇

独特の嗅覚で 多くの財産を受け継ぐ

「財産が自分のもとに集まってくる」と表現したくなるほど、人から多くのものを受け継いだり、譲り受けたりします。本人はそれほど自覚していないのですが、もともと「財産」を嗅ぎ分ける嗅覚にすぐれており、結婚相手にも無意識に実家が資産家の人を選んでいます。

　一方、セックスには強い関心とバイタリティーを持っており、マンネリは我慢できないというタイプです。一緒にエネルギッシュに探究していける相手と相性がいいでしょう。

　スピリチュアル的な才能にも恵まれており、霊的な存在を感じる鋭い感覚を持っています。極めていけば、その分野でカリスマ的存在になることも夢ではありません。

高い学びを意味する

9ハウスの惑星

基礎的な知性を表す３ハウスに対し、その真向かいにある９ハウスは「高い学び」を意味します。高度な学問や専門的な知識、精神や見識の向上、心の深い部分の成長などを表します。心の成長に関連して、信仰のあり方を示す場合もあります。また、高い学びの場という意味で、留学や移住、長期にわたる旅なども示しています。

9ハウスの太陽 ☉

知識を活かして活躍 留学や移住する可能性も

専門的な能力を活かして活躍できる人であることを示しています。例えば、哲学、心理学、法律、宗教、文化人類学といった分野で高度な知識や技術を活かして活躍できるでしょう。その学びは、単なる知識として蓄積されるだけでなく、本人に人間的な厚みや深みを与えます。

そのため、ビジネスでは、現実的・即物的な利益より、人との信頼関係や精神的つながり、社会的意義、やりがいなどを重視する傾向があります。それによって、結果的にビジネスでも大きな成功を収めます。

人生を通じて海外との縁が深く、仕事のほか、文化的な活動や国際交流のために海外に行ったり、留学や移住を経験したりします。

9ハウスの 月

深い気づきを得て海外にもよく出かける

感受性が豊かで、精神世界に強い興味・関心を持っている人です。さらに、ある時期に特定の思想や哲学に惹かれ、それらを学ぶことで、深い気づきを得る場合があります。それによって、人生が大きく変わることもあり得ます。

もともと海外に対して強い憧れを持っており、海外旅行にも多く出かけます。移動手段としては、ゆっくりペースの船旅が、最も自分に合っていると感じるでしょう。

人生の目標や夢があり、それに向かって頑張ろうという気持ちはあるのですが、忍耐力が切れてしまうところがあります。自分にとって重要なものを見極め、意志を明確にして前に進んでいきましょう。

9ハウスの 水星

向学心にあふれて世界各地を訪れる

もともと知的な人ですが、さらに努力して知性を磨く努力家です。本人としては、必死に勉強しているつもりはないのですが、学ぶことが楽しくて、面白がってやっているうちにどんどん知識が身につきます。

特に語学に関しては類い希なる才能を発揮し、そのスキルが社会で活躍するカギになります。翻訳、通訳、出版、貿易業、旅行ガイドなどで、手腕を発揮する可能性が高いでしょう。それらの仕事で、あるいは趣味としても、海外旅行は頻繁に行き、世界各地を訪れるでしょう。

宗教関係にも関心がありますが、信仰として心酔するというよりは、文化的な研究対象として捉え、じっくり学ぶというスタンスです。

9ハウスの 金星

博愛主義者で慈愛に富みボランティアに注力

博愛主義者で、宗教的な慈愛にあふれ、ボランティアなどの慈善活動を積極的に行います。国内にとどまらず、頻繁に海外に行って国際的な活動を展開する人も多いでしょう。

一方で、芸術的なセンスにもすぐれており、鋭い審美眼を持つと同時に、自らもアーティストとして活躍します。芸術作品作りと、慈善活動は、自分のなかで結びつき、高め合っていると感じています。

少し意外な一面として、経済学にも適性があります。人を救うには経済の知識が必要ということも熟知していて、そのスキルも人のために役立てようとします。活動範囲が世界的なので、国際結婚や海外移住をする可能性も大きいでしょう。

9ハウスの火星 ♂

強い好奇心と情熱で集中的に学ぶ

好奇心が強いうえ、何事にも急激に熱中しやすいタイプで、興味を抱いた分野に対しては、人並みはずれた集中力を発揮して学びます。知識が身についたり、スキルが高まったりしたことが確認できると、さらなるやる気がわいてきて、ますます熱心に勉強を続けます。

強い野心もあり、チャンスがあれば、海外で自分の力を試したいと考えます。自分から希望して、海外転勤や出張をすることも多いでしょう。

何かのきっかけがあると、宗教や信仰にはまって、布教活動に熱中することもあります。周囲が見えなくなって、身近な人をむやみに勧誘すると、トラブルを招きかねません。いったん冷静になることも大切です。

9ハウスの木星 ♃

困っている人を救い指導者になる可能性も

崇高な精神を持ち、人徳があります。すべての人に慈悲深く寛大に接するため、心の慰めを求めて慕ってくる人が多いでしょう。気持ちの面で人を慰め、励ますだけでなく、人を支える実務面にもすぐれ、法律や宗教にも造詣が深いのが強みです。

そのため、困っている人がいたら、法律的な知識をもとにアドバイスしたり、宗教的な見地から助言したりできます。実務面も踏まえて、人として厚みのある言葉かけができるので、さらなる信頼を集めます。

これらのことが積み重なって、大勢の人に頼られる指導者になる可能性もあります。海外に渡って活動範囲を広げることで、さらにやりがいを持って活動できるでしょう。

9ハウスの土星 ♄

地味な研究を続け大きな発見をすることも

世間で注目されていないような研究テーマを、あえて選んで熱心に研究する努力家です。これまで注目されてこなかった分野なので、1から自分で調べる必要があり、手間と時間がかかりますが、それを厭わず粘り強く研究できるのが強みです。それを続けていって、世界がアッと驚く発見をする可能性もあります。

物事を科学的・論理的に追求するのが好きなタイプで、精神世界や宗教などには懐疑的です。しかし、それらの分野でも、自分が納得できる部分や関心の持てる部分が見つかると、一転して熱心に研究し始める場合もあります。海外にはあまり縁がなく、国内の伝統的な技能や思想に惹かれて学ぶ傾向があります。

9ハウスの天王星 ♅

変わった分野で天才的な能力を発揮

人とは違うちょっと変わった分野で天才的な力を発揮する人です。もともとその人特有のものの感じ方や価値観、信念があって、周囲の人からは「ユニークな人」「変わり者」と見られています。しかし、単なる変わり者ではなく、実は天才肌であり、世界的な功績を残す可能性もあります。

科学的なことが好きな半面、科学で割り切れないオカルト的なことや神秘的なことも好きで、両者を同じように研究できるのも1つの強みです。人目を気にしないので、「怪しい」といわれても、興味を持てば臆することなくオカルト分野も真剣に研究し、常人には思いもつかない大発見をすることもあります。

9ハウスの海王星 ♆

神秘的なことへの直感が鋭く働く

夢やファンタジーを追い求める気持ちが強く、イマジネーションも豊かなので、文学、芸術、宗教、絵画、映像作品などの分野で大きな業績を残すでしょう。特に、精神世界や霊的なこと、神秘的なことに対する直観が鋭く働くうえ、その分野のことについて熱心に研究するので、いずれはスピリチュアル分野の第一人者になる可能性も秘めています。

旅行も好きでよく出かけますが、できるだけ海や水に関わる場所を多く訪ねるようにすると幸運がもたらされるでしょう。

神秘的な世界に没頭するあまり、衣食住などの現実面をおろそかにする場合があるので要注意。生活に必要な実務にも目を向けましょう。

9ハウスの冥王星 ♇

スピリチュアル的なものに強く惹かれる

目に見えない神秘的なものに強く惹かれる傾向があり、魔術や心霊、死後の世界といったオカルト分野に強い関心を抱きます。生半可な興味ではなく、並々ならぬ知的好奇心を抱いているので、いったん研究し始めると、寝食を忘れてのめり込む場合もあります。

それは、抜群の集中力を持っている証でもあり、結果的に大きな功績や発見につながることもありますが、集中し過ぎて体を壊さないように気をつけることが大切です。

また、あまりにも偏った思想や異端の宗教などにのめり込むと、精神的な意味での危険性も生じます。一定のバランス感覚を保ちながら研究することが重要です。

人生の最終目標を意味する

10 ハウスの惑星

10ハウスの基本的な意味は「人生の最終目標」です。それに関連して、社会や他者との関わり方を意味します。自分が心から納得できる天職としての仕事は何か、公的な活動とはどう関わるか、周囲の人とどう関わっていくべきかなどが読み解けます。現在の状況とは別に、その人の魂が「目指すべきもの」が示される場合もあります。

10ハウスの 太陽

生涯を通じて リーダーとして活躍

指導者としての素質が高く、生涯を通して組織や会社、グループのリーダー的な役目を担います。

自分自身も、若いうちから才能を発揮して社会で活躍できることに喜びを感じ、それを続けるために闘志を燃やします。人間関係にも恵まれ、目上の人から引き立てられて、さらなる飛躍を遂げます。リーダーとしての資質が高いので、周囲の人も納得してついていきます。

ただし、地位や名誉にあぐらをかく気持ちが生まれると、横柄な態度をとってしまい、周囲からの信頼を一気に失う危険性もあります。自分がリーダーシップを発揮できるのも、人に支えられているおかげだということを忘れないようにしましょう。

10ハウスの月

やりがいを重視して転々とすることも

基本的には、社会的な成功にこだわりを持たず、自分がやりがいを感じられるかどうかだけを重視します。しかし、その気持ちが強過ぎ、やりがいを求めて職を転々としたり、1か所に長くいられなかったりする傾向があります。そのように、やりがいを求める気持ちが、かえって自己実現のじゃまになっているケースも少なくないのです。

天職を見つけたいと思うなら、一定の期間はやり抜いてみるという強い意志を持つことも大切です。その際には、女性や子どもに関する分野を選ぶとよいかもしれません。

有力者の支援が、自分の納得できる仕事探しや、それを通じての社会的成功につながる場合もあります。

10ハウスの水星

情報収集力を武器に世の中を渡っていく

情報収集力やコミュニケーション能力が重視される仕事に適性があります。これらを武器にして、世の中をうまく渡っていけるタイプです。職種としては、情報産業、マスメディア、旅行関係、貿易業、ＩＴなどに向いているでしょう。また、フットワークも軽いので、営業、販売、広告関係、企画立案などの分野でも才能が花開くでしょう。

コミュニケーション能力が高いので、人脈を広げるのも得意です。有力者のコネクションを使って事業を成功させる場合もあります。

ただし、本当のスキルを身につける前に、世渡り上手な面だけで物事をこなすと、真の成功が遠のく場合も。地に足を着けた努力も大切です。

10ハウスの金星

美に対するセンスを活かして成功

美に対する高いセンスを持っているので、ファッションやインテリア、芸術関係、宝飾品、装飾品、美容関係などの華やかな分野に適性があります。それらのデザイナーやプランナー、コーディネーターなどの職に就けば、自分自身が楽しむとともに才能を発揮して、社会的成功を収めることができるでしょう。

美しく魅力的な人なので、人気も高く、自然に人が集まってきます。そのなかには、純粋に応援したいからという理由だけで、社会的・経済的に大きな支援をしてくれる人も現れます。そのチャンスを活かせば、さらに高度な幅広い活躍ができます。それにより、自分自身も支援者も達成感や満足感を得られるでしょう。

10ハウスの火星 ♂

実力本位の競争社会でこそ闘志を燃やす

めったにいないほどの野心家で、強い独立心や向上心を持っています。実力本位の厳しい競争社会のなかでこそ、自分の力を発揮できると考えて闘志を燃やすタイプです。実際に、切磋琢磨する相手がいるほど、力を磨いて、よりいっそうの高みをめざすことができます。

特に、体を使う分野に向いています。スポーツ選手や職人、技術職、営業職などに就けば、人と競い合いながら、本領発揮とばかりに活躍できるでしょう。

自分が競争心を燃やしながら頑張ることに精一杯で、人を育てる余裕はあまりありませんが、一心不乱な努力は人の心に訴えかけ、自然に後進を育てる力にもなります。

10ハウスの木星 ♃

大きな成功や高い地位が約束されている

社会での大きな成功や高い地位・名誉を築くことが約束されている人です。幅広い職業に適性がありますが、特に専門的な知識や技術を必要とする分野に向いています。理系・文系を問わず研究職や専門的な技術職などのほか、政治家にも適性があります。政界に出れば高い支持を得ることができるでしょう。

裏表がなくおおらかで誠実な人柄が多くの人を惹きつけ、自然と周囲に人が集まってきます。高い社会的地位にいる人や、強い財力を持つ人などから、惜しみない支援を受ける可能性もあります。ただし、ふとした気のゆるみから、重大な失敗をする危険性もあります。優秀な秘書をそばに置いておくことも重要です。

10ハウスの土星 ♄

努力と忍耐を積み重ね確固たる成功を収める

ひたすら努力と忍耐を積み重ねて、社会的成功を手にするタイプです。もともと責任感が強く誠実な性格で、人々の信頼を集めますが、さらにたゆまぬ努力を続けることで、揺るぎない社会的地位に就くでしょう。

職種としては、不動産業、農業、伝統産業などに適性があるほか、実業家や政治家にも向いています。地に足を着けた堅実かつ着実な物事の進め方が、多くの人の共感を呼び、地味ではありますが、不動の人気を確立します。

成功までに時間がかかることもありますが、その代わり、多少の波風がきてもその地位は揺らぎません。それどころか、年齢を重ねてもさらなる発展を遂げるでしょう。

10ハウスの天王星 ♅

型どおりの仕事を嫌い 変化に富む生活を求める

多くの人がなる一般的な会社員や事務職といった型どおりの職業には就きたくないと考えるタイプです。変化に富んだ人生を求めて、自分の選んだ専門技術や特殊技能、芸能分野の才能などを熱心に磨きます。

その際、「それでは食っていけない」「現実を見ろ」などというアドバイスを受けることがありますが、人から何を言われようが、自分の選んだ道を突き進むことが大切です。それによって、自分が心から納得できる世界にたどり着けるでしょう。

その過程で、周囲との摩擦が大きくなり、トラブルに発展することもあるでしょう。それを避けるには、自分のセンスを理解する見方を確保しておくことが役立ちます。

10ハウスの海王星 ♆

すぐれた想像力を活かし 夢を追い続ける

もとから備わった高い想像力や直感力を活かしつつ、何歳になっても自分の夢を追い続ける人です。絵画や音楽などの芸術、映像制作、文学などに適性があるほか、スピリチュアル系やセラピストとして活躍する可能性も大きいでしょう。人を癒す力にも秀でているので、医療関係、福祉関係、臨床心理分野やカウンセラーなどにも向いています。

ただ、夢見るフワフワとした気持ちを抱いたままでは、現実社会で支障が出ることもあります。生活管理や自己管理がうまくできず、せっかくの才能が活かせないということにもなりかねません。夢を叶えるためにも、現実世界を見るべきときは、しっかり見据えることも大事です。

10ハウスの冥王星 ♇

カリスマ性で人を 惹きつけ成功も手中に

神秘的な魅力とカリスマ性を備えた人で、周囲を惹きつける不思議な力を持っています。もともと実務的な能力が高く、その力だけでも社会的に成功できますが、さらに周囲の人からの後押しもあって、上り詰めていきます。

ときには、ある分野を極めた有職者から、その人脈や実績などをそっくり受け継ぐ場合もあります。

カリスマ性がありながら、最終的にはあまり人目につかない伝統産業などの仕事に落ち着くパターンが多く、そのことがまた人々を惹きつけてやみません。いずれにしても、自分の決めた道を進むことで幸運がついてきますから、迷わず前に進むことが成功の秘訣です。

人との連帯を意味する

11 ハウスの惑星

人生の最終目標地点を表す10ハウスの次に位置する11ハウスは、個人を超えた人との連帯を意味します。人と共有する幸福、社会への貢献など、自分１人では手中にできない人間としての幸せや達成感を表します。それを実現するための思想や希望の持ち方、ともに活動する仲間に関することなどもこのハウスで読み解けます。

11ハウスの 太陽 ☉

しっかりした戦略で仲間の力を結集

理想を実現するための確固とした戦略と力を持っている人です。しかも、自分1人で頑張るのではなく、共通の志を持つ仲間に恵まれており、力を結集して目的の達成に近づくことができます。仲間や協力者には、著名人や知識人、政界・財界の有力者も多く、彼らがさまざまな形でサポートしてくれるでしょう。

また、いろいろな団体に属することで、さらに人脈が広がり、多くの人の力を得て、目標実現への道が開けることも多いでしょう。

ただし、人付き合いでの配慮を忘れてしまうと、広い人脈がかえってあだとなり、トラブルを招いてしまうことも。細やかな配慮を忘れないように気をつけましょう。

11ハウスの月

他者を助けることに生きがいを感じる

人を支え、助けることに生きがいを感じる心根のやさしい人です。社会に奉仕したいという思いが強いので、ボランティア活動に力を注ぐ人も多くいます。ただ、気分によって場所を移りたくなる性質があるため、1か所にとどまることなく拠点を移したり、別の種類のボランティア活動に移っていったりするでしょう。「より困っている人を助けたい」という気持ちが強いために、新しい情報の入ったボランティアの現場を訪ねたり、災害の現場に行ったりすることもあります。

やさしい気持ちは周囲の人にも向けられ、普段から世話好きで親切なので、友人も多く、いざというときには助けてくれる人が大勢います。

11ハウスの水星

知的活動で結ばれた広い人脈が財産

知性で結ばれた広い人脈があり、それが生涯広がり続けるタイプの人です。知識欲が旺盛で、相手が誰であれ、知的な会話ができればすぐに仲よくなれます。老若男女を問わず、またどんな社会的立場の人であっても、何のこだわりもなく気さくにコミュニケーションをとり、自分の知らない世界の話を聞けることに喜びを感じます。

自分自身も、人と人をつなぐ役目をして、互いに利益が得られるようにしたり、さまざまなグループや団体を立ち上げたりします。それらによって、自分の知識欲が満足するとともに、世の中に役立っているという実感が得られて、大きな達成感が持てるでしょう。

11ハウスの金星

素敵な友人に囲まれ惜しみない援助も

友人に恵まれており、親切でやさしい友人、経済的に裕福で惜しみなく援助をしてくれる友人、ハイセンスな趣味を持つ友人など、素敵な人に囲まれています。本人も人を惹きつける魅力を備えていますが、友人たちの影響で、さらに高尚な趣味を持つようになったり、やりたいことに全力で取り組めたりして、より豊かな人生になっていくでしょう。

友人たちとともに、同じ趣味のサークルや一緒に活動する団体に属する場合もあり、そこでの時間もさらに充実して楽しいものになるでしょう。ただし、不運なときは嫉妬されたり、金銭トラブルに見舞われたりすることも。そんなときは、一歩引いたつき合いを心がけることも大切。

11ハウスの 火星 ♂

団体に所属し リーダーとして活躍

趣味や勉強のさまざまなサークルや協会に所属して活動することが多いでしょう。何かを習得したいという目的があるので、初めての人とでも打ち解けることができ、いろいろなグループに飛び込んでいけます。

グループ内では積極的で活発なので、あとから入ってもすぐにリーダー格になることが多いタイプ。リーダーになっても偉ぶることなく、同じ趣味や勉強をする仲間として一緒に頑張る雰囲気を盛り上げるので、メンバーからも支持されるでしょう。

ただ、ときには熱が入りすぎて、目標を達成するために白熱する議論を吹きかけて敬遠されることも。熱心さの現れとはいえ、激しい議論は控えて穏やかに話しましょう。

11ハウスの 木星 ♃

人の縁に恵まれ 強力なサポートを受ける

生涯を通じて人の縁に恵まれる人です。もともと持っている穏やかで寛大な性格ゆえに、周囲の人から人気があります。社会的地位のある人や経済的に裕福な人、誠実な人が集まってきて、本人を支えてくれます。

また、趣味やボランティアなどの団体活動を通じて、多くの人々と知り合い、人間的にも成長できる有意義な交流が持てるでしょう。

いざ夢や目標に向けて走り出そうとしたときには、そうやって知り合った人々から、強力なサポートを得ることができるでしょう。その力によって、夢や目標を実現できることが多いのです。人を大事にし、人のつながりに感謝することが成功の秘訣になります。

11ハウスの 土星 ♄

少数精鋭の友人と 長くつき合う

それほど友人の数は多くありませんが、いわば少数精鋭で、信頼できる少数の友人に恵まれます。それらの友人とは、生涯を通じてつき合い、深く理解し合うことができます。

人付き合いが苦手で交流関係を広めないわけではなく、それぞれの友人と誠意を持ってつき合おうとすると、むやみに交流範囲を広げることができないのです。その誠意が友人にも伝わり、少々の波風では壊れない強固な友人関係になっています。

少数の友人のなかには、年上や目上の人もおり、彼らによって引き立てられて成功する場合もあります。なお、もともと口数が少ないのですが、いざというときは必要なコミュニケーションをとることが大事です。

11ハウスの 天王星 ♅

枠にとらわれない ユニークなつき合い

常識の枠にとらわれない個性の強い生き方をする人で、友人にもユニークな人が多くいます。年齢、性別、職業、国籍などを問わず、社会の常識やルールにとらわれない革新的な考え方をする友人が多いのです。その影響を受けて、人生観が大きく変わることもあり得ます。

　社会改革を求めるグループや、理想の実現を目指すグループに属して、心からやりがいを感じる場合もあります。少し問題なのは、自分も仲間も、目的のためにはプライベートを犠牲にする傾向があること。家庭を持っている人なら、家族にしわ寄せが及ぶことも。一定のけじめを持って活動することで、むしろ充実した活動を長く続けられるでしょう。

11ハウスの 海王星 ♆

真剣に深くつき合い 友人に尽くす

「人と表面だけでつき合う」とか、「社交辞令を言い合う」といった形式的なつき合いはできない人です。相手に対していつでも真剣で、相手の気持ちを思いやり、理解してからつき合おうとします。友人には献身的に尽くし、できることは何でもしてあげようと考えるタイプです。

　友人たちもその気持ちを理解しており、深く強い絆で結ばれているので、多少の波風が立ったとしても、関係がくずれることはありません。

　特に芸術やボランティア活動に強い関心があり、同じ理想を目指す友人たちとともに活動します。そこに人生を賭ける価値があると感じていて、実際に大きな満足感や達成感を抱くことができるでしょう。

11ハウスの 冥王星 ♇

自分に似ている 霊力を持つ友人が多い

自分自身がスピリチュアルな才能を持っていますが、「類は友を呼ぶ」という言葉通りに、友人にも似たタイプの人が多い傾向があります。自分がそうであるからこそ、神秘的な雰囲気をたたえた人や霊的な力の強い人に強く惹かれ、親交を深めたくなるでしょう。

　現実世界ではあり得ないような不思議な出会いや巡り合わせで、そういう友人とのつながりが深まることもあります。そんな友人たちとともに、同じ団体に属して活動できると、大きなやりがいを感じることができるでしょう。ただし、友人関係に利害を持ち込むとトラブルを招く危険性も。本来の目的を見失わないように注意してください。

人生の気づきを意味する

12 ハウスの惑星

最後となる12ハウスは、人が最期にたどり着く場所で、基本的な意味は「人生の意味を考え、気づきを得る」ということです。今生きている世界での集大成であると同時に、「この世に生まれた意味・前世からの宿題」を意味する「カルマ（業）」や潜在意識、隠された問題など、人としての深いテーマを扱うハウスです。

12ハウスの 太陽

世の中に貢献することが大切なテーマ

一般的な社会的成功より、「いかに世の中に貢献できて、人々の役に立てたか」ということが大切なテーマになります。そのことが、人生の最期には自分にとっての最重要な課題であり、心の充実感をもたらすものになるからです。

多くの人に囲まれて、活動的に暮らし、華やかな生活をしていた時期があったとしても、現在、誰かに心から「ありがとう」と言ってもらえるかどうかが、本人にとって最も大切なことになっています。

生活を縮小するなかにも、年長者や有力者からの援助が受けられるでしょう。それを活かして、若い人たちのサポートを続けることで、満足感や達成感が得られるでしょう。

12ハウスの 月

困った人を助ける 慈善事業に力を注ぐ

人生で一環して、弱い者の見方をし、守って生きてきた人です。自分自身が悲しみや辛さや孤独の経験をしているため、似た経験をした人の力になりたいという思いを強く持っています。

そのため、慈善事業に参加したり、身寄りのない子どもを引き取って育てたり、捨てられた動物の里親になったりすることも多いでしょう。

そのような慈善事業やボランティア活動によって、自分自身が心から満たされ、生まれてきた意義を強く感じることができます。

ただし、もともと心配性なので、ふとしたときに心に不安が広がることも。気分の安定を図り、上手なリフレッシュ法を身につけましょう。

12ハウスの 水星

直感を大事にして 特有の自己表現をする

論理的な思考よりも、自分の直感を大事にして判断する人です。一般的に学校で習うものの考え方とはちょっと違う、自分ならではの思考で物事を乗り切っていく傾向があります。それを自分特有の表現で言語化・文章化することで、周囲の高い評価を得て、自分自身も達成感を持つことができるでしょう。

最終的には、自分の業績を、研究論文やまとまった文章として残すことで、後世に役立てることができ、自分の満足感にもつながります。

ただし、ある時期、中傷や陰口に悩まされる可能性があります。そんなときには、軽はずみな発言をしないように注意して、責任感を意識することが大切です。

12ハウスの 金星

ボランティア活動に 大きな喜びを感じる

奉仕活動や慈善活動、ボランティア活動を行うことで、大きな喜びを感じるタイプです。そうした活動を行うことで、心からの満足感を得られます。また、芸術関係や創作活動によっても、充実感を得ることができます。作品作りによって、自分が喜びを感じるとともに、見る人にも感動を与えることができるでしょう。

ただし、油断すると愛情や金銭に関係するトラブルに巻き込まれやすいので注意が必要。特に愛情面では、もともと秘密めいた関係に魅力を感じる傾向があるため、最初から波乱含みとわかっていて関係を結ぶ危険性があります。自分の最終的な目的を見失わないように気をつけ、冷静に対処しましょう。

12ハウスの火星 ♂

強い意志と情熱で人生の課題をクリア

燃えるような強い意志と情熱によって、人生の課題をクリアしていくタイプです。もともとの性格が短気だったり、わがままなところがあったりするため、敵を作ることも多いのですが、一途さが認められて理解し合えるでしょう。

自分自身が競争原理を重視して生きてきただけに、足を引っ張られたり、中傷を受けたりすることも少なくないでしょう。しかし、自分が寛容になるほど、人からも許されて、よい人間関係を構築することができます。そのことを学ぶと、人生の幅が大きく広がるでしょう。

なお、気が短いために、不意のケガやヤケドをしやすい傾向があります。十分に注意してください。

12ハウスの木星 ♃

不思議な力に守られトラブルを回避

見えない強い力に守られているかのように、不思議といつでもトラブルを回避できる人です。多少の失敗やつまずきがあったとしても、必ず救いの手が差し延べられ、窮地に陥ることはまずありません。

もともと本人が誠実かつ親切で寛大な性格なので、周囲の人から好意を持たれており、いざというときにはどこからか助けが来ることが多いのです。年を重ねるに従って、さらにその傾向が強まっていくでしょう。

そんな幸運に恵まれるのは、これまで自分が人に親切にしてきたからです。それを忘れず、今後も親切にすることが大切。また、自分が助けられているように人を助けることで、安泰な人生が送れるでしょう。

12ハウスの土星 ♄

決して諦めずに粘り強く前進する

逆境にあっても、決して諦めない人です。さまざまな制約を受け、物事がうまくいかないことも多いでしょう。自分の希望を叶えることや、望む道に進むことが困難な場合もあります。ほとんどうまくいくと思われていたことが、突発的な理由によって頓挫することもあるでしょう。

そんなときこそ、希望を失わず、感謝の気持ちをもって生きることが重要で、運を切り開いていくカギになります。実際に、これまで粘り強く生きてきた人が多いので、諦めずに続けることが重要です。

孤独を愛する傾向があるので、にぎやかな集団の中にいるよりは、静かな場所で、1人で過ごす時間を持つとよいでしょう。

12ハウスの天王星 ♅

順調なときこそ突発的な出来事に注意

人間関係には恵まれた人生ですが、突発的な出来事によって、人生が一変する恐れがあります。物事が順調にいっているときこそ、注意する必要があります。といっても、その変化予測をしたり、避けたりすることは困難なのがつらいところです。

しかし、何かが起こったときには、必ず助けてくれる人が身近にいるはずです。この場合の「助けてくれる人」は、社会的地位や経済力などには関係なく、昔から自分のそばにいてくれた誠実な人を意味します。

そういう人の助けを借りて努力すれば、どんな状況からも抜け出すことができるでしょう。交際する相手をよく選ぶこと、自らトラブルに近づかないことも重要なポイントです。

12ハウスの海王星 ♆

不安定なときは自覚して早めに対処

感受性が鋭敏で、直観力や想像力がすぐれているため、気分が不安定になりやすく、不安に襲われやすいという弱点があります。不安から逃れようと、嗜好品に依存したり、宗教などに傾倒したりする傾向がありますが、それらのことを続けていては危険です。

まずは、自分が不安定な状態になっていることを認識し、リフレッシュできる趣味や気分転換法を持ちましょう。好きな音楽を聞いたり、絵や映像作品を見たりすることで、ストレス解消するのもお勧めです。いつでも気軽に相談できる相手を作っておくのもよい方法です。敏感で、他人の不安も感じやすいので、不安定な人に近づかないことも重要です。

12ハウスの冥王星 ♇

鋭い洞察力は正しいことに使う

鋭い洞察力を持っており、他人の秘密や隠された事情を簡単に見抜ける人です。そうした人の弱みを利用して上の立場に立つことも可能ですが、実はそのとき、「自分が試されている」ということを知る必要があります。

正しい心を持っていれば、たまたま知った人の弱みを利用するなどということはしないはずです。それをしてしまうと、ゆくゆくは自分が逆境に立たされるということを認識しておくのが大事です。

自分の洞察力を、正しいことだけに使う気持ちを持ちつづけることが、何より大切です。それができれば、大きな力に守られて、安定した人生を送ることができるでしょう。

基本的なキャラを示す

アセンダント（Asc）

外見や第一印象、行動パターンを示す

ハウスを記したホロスコープのなかで、１ハウスが始まる地点（12ハウスと１ハウスの境界線）を「アセンダント」といいます。ホロスコープ上では、あなたが生まれたときの東の地平線に当たる位置で、「Ａｓｃ」と記されていることが多いでしょう。アセンダントとは英語で「上昇」の意味で、天体が昇ってくる地点であることからこう呼ばれています。

アセンダントは、あなたの外見的な特徴や人から見た第一印象、どのように行動するタイプか、あるいは本来どう行動するのがいいかなどを示しています。一言でいうと、その人の基本的な「キャラ」といえます。アセンダントにはアクティブ（能動的）という意味もあり、自分自身が獲得するものも表します。

アセンダントの位置が、どの星座に当たっているかによって、あなたのキャラには以下のような特徴が表れます。行動面で、もし現在の自分とは違うと感じる場合、本来はそのように行動したほうがよいという指針になります。少しずつでもそれに近づけることで、本当の自分らしく生きていくことができるはずです。自分にとっての満足感・納得感が得られ、運も開けていくでしょう。

牡羊座

明るく活発で、男女ともに筋肉質の引き締まった体つきです。行動力があり、何事もすばやく決断。ものおじしないタイプで、初対面から自分のことをアピール。自分の考えはしっかり主張します。

牡牛座

きめ細かい色白の肌で顔も体もぽっちゃり型。おっとりしていて話し方も行動もスローですが、決めたことは着実にやり遂げます。人当たりがよくてにこやかですが、頑固なところや気難しい一面も。

双子座

スリムで手足が長く、少年のような体型。何事もすばやい動きでテキパキこなします。空気を読んで相手に合わせ、サービス精神も旺盛。何でもこなし過ぎて、器用貧乏やお調子者に見られることも。

蟹座

白い肌と肉付きのよい体で、男女ともに母性が強いタイプ。親しみやすく、世話好きで気がききます。初めての人に対しては人見知りですが、グループ内では自分の役目を果たそうと頑張ります。

獅子座

胸を張った姿勢で堂々としており、目鼻立ちはハッキリしています。どこにいても目立ち、存在感を感じさせます。積極的にリーダーになるタイプで、誰の前でも物怖じせず、自分から企画立案します。

乙女座

線の細い体つきで、髪はつややかで繊細な美しさを持っています。知的で清潔感があり、真面目です。完璧主義的なところがあり、与えられた要求や役目にはきっちり応えたいと考えて努力します。

天秤座

バランスのとれた体格で容姿端麗の人が多く、ものごしも優雅でスマート。誰に対しても友好的で、初対面の人にも非常にいい印象を持たれます。努力や苦労は表に出さず、水面下で頑張るタイプ。

蠍座

彫りが深い顔立ちで、肌はやや浅黒い傾向があり、男女ともに謎めいたセクシーさを漂わせています。行動は消極的に見えますが、興味を持ったことには積極的に取り組み、集中力も発揮します。

射手座

男女ともに背が高く筋肉質で堂々としています。明るくオープンで、自由奔放に振る舞います。目上の人にもストレートにものを言って生意気と見られることも。変化や刺激の多い環境で実力を発揮。

山羊座

やせ型ながら骨太でしっかりした体型。落ち着いた控えめな雰囲気で年上に見られがち。堅苦しいともいわれますが、それこそが長所で、何でも慎重にかつ堅実にやり遂げ、それによって評価されます。

水瓶座

すらりと長い手足を持ち、知的な顔立ちで中性的な雰囲気。振る舞いはスマートで都会的な魅力を持っています。常識にとらわれない自由主義者で、上下関係にもこだわらず、広い人脈を持ちます。

魚座

透明感のある肌と潤んだ瞳を持ち、頼りなげで守ってあげたいと思わせるタイプです。自己主張は少なく、争いを好まない平和主義者。鋭い直感とヒラメキで問題を解決できる不思議な能力の持ち主。

対人関係を示す

ディセンダント（Dsc）

重要なパートナーについてわかる

アセンダントの真向かいに当たる7ハウスが始まる地点（6ハウスと7ハウスの境界線）を「ディセンダント」といいます。ホロスコープ上では、あなたが生まれたときの西の地平線に当たる位置で、「Dsc」と記されていることが多いでしょう。ディセンダントとは英語で「下降」の意味で、天体が沈んでいく地点であることからこう呼ばれます。

自分自身のことを示したアセンダントに対し、ディセンダントは自分に大きな影響を与える他人、対人関係、環境などを示します。ディセンダントにはパッシブ（受動的）という意味もあり、受け継ぐものや与えられるものなども表し、それには結婚相手も含まれます。

ディセンダントの位置が、どの星座に当たっているかによって、あなたの対人関係や環境、与えられるもの、特にあなたに大きな影響を与える人物がわかります。ここで述べられている人物像は、結婚相手のこともあれば、仕事上の重要なパートナーや大切な交友相手の場合もあります。ときにはライバルを意味することもあります。いずれにしても自分にとって重要で、自分を支えたり、成長させたりしてくれる人物です。

牡羊座

行動力ある情熱家から多くを学べます。周囲を気づかい、人を優先させることが多いあなたに、そればかりでは夢は実現できないことや、自分を大事にする意味などをその人が教えてくれるでしょう。

牡牛座

お金や物の使い方が上手な人から多くのことを学びます。精神的なものを重んじるあなたは、実はお金などの物質的なものも大事であり、使い方こそ重要であることをその人から教わるでしょう。

双子座

幅広い知識や情報を持つ人が、あなたに多くのことを教えてくれるでしょう。1つのことを掘り下げたいあなたは、好奇心こそ楽しく学ぶ原動力であり、物事を広く浅く知ることの大事さを学びます。

蟹座

面倒見がよく情が深い人物が、あなたにいろいろなことを教えてくれるでしょう。自分のことで手一杯なあなたは、人を気づかい、親切に世話をすることの意味とすばらしさをその人から学びます。

獅子座

プロデュースが得意な人が、あなたに自己アピールの意味と重要性を教えてくれます。人の目を気にせず突き進んできたあなたは、いい意味で人を意識することで、自分を高められると知るでしょう。

乙女座

理論派で知性あふれる人から、論理的に考えることを教えられます。自分の気持ちに素直で、物事を感情で判断してきたあなたは、集めた情報をもとに順序立てて考えることの大切さを学ぶでしょう。

天秤座

社交的で穏やかに笑っている人から、大切なことを学びます。集中力と責任感を持って1つのことに注力してきたあなたは、ときには心の余裕を持って、リラックスすることの大切さを知るでしょう。

蠍座

1人でいることを好む物静かな人が、あなたに新しい価値観を教えてくれます。迷いの多かったあなたは、自分にとって人生の中で最も価値があり、手放してはいけないものについて理解するでしょう。

射手座

いつも前向きで多くの人を励ます人物が、大切なことを伝えてくれます。あなたは、他者の意見をそのまま鵜呑みにするのではなく、自分なりにポジティブに捉えて取り入れることを学ぶでしょう。

山羊座

自分の感情で言動を変えない芯の強い人物が、価値ある助言をしてくれます。感情の起伏が激しく、気分によって判断が変わるあなたは、人としての芯を持ってブレないことの大事さを知るでしょう。

水瓶座

老若男女すべての人に分け隔てなく接する人から学ぶことがあります。礼儀を重んじるあまり、上下関係を意識し過ぎるあなたは、人間同士としてフランクにつき合う楽しさと価値を知るでしょう。

魚座

自分の感情を率直に表現する人から気づきが得られます。いつも冷静かつ論理的に判断しようとするあなたですが、ときには自分の気持ちのままに振る舞うことも大切だと教えてもらえるでしょう。

深い意味は前世での職業
MC

あなたの課題になっている仕事

ホロスコープの上方、10ハウスが始まる地点（9ハウスと10ハウスの境界線）を「MC（天頂）」といいます。ホロスコープ上では、あなたが生まれたときの空で、太陽が最も高く昇っていたところを意味します。MCはラテン語で「天の中央」を表す言葉の頭文字です。

MCは目指すべき社会的地位や職業、目標、課題などを示し、天命や天職などがわかるとされます。

さらに、一般には知られていませんが、MCにはもう一段深い意味があります。それは「前世での職業」です。前世でその仕事をしてうまく行かず、それを課題として現世に生まれたと解釈できます。だからこそ、それがやるべき仕事になるのです。

MCと前世の関連は、私だけでなく、アメリカの有名な予言者、エドガー・ケイシー（74ページ参照）も「ホロスコープ上でMCにある惑星は、その人が生まれる前の魂が滞在した惑星だ」と述べているのです。職業には言及していませんが、MCで前世のことがわかるという点は同じです。そんな解釈でMCを見ると、新たな発見があるのではないでしょうか。

牡羊座

闘争心が強く、勝ち負けにこだわるタイプで、競争社会でこそ自分らしく活躍できます。勝負をするほどイキイキと輝くでしょう。自力で道を切り開くので、ある分野のパイオニアになる可能性も。

牡牛座

出世や地位・名誉を得ることにはこだわらないタイプで、いつもおっとりとしてマイペースです。しかし、自分の信念価値観には自信をもっており、それを活かせば自然に社会で上り詰めるでしょう。

双子座

財産といえるほど多くの人脈を持っています。博識で器用なので、ピンチが訪れてもチャンスに変えることができます。多くの人の縁をつなぎ、情報を広める役目や仕事にやりがいを感じるでしょう。

蟹座

困っている人を助ける役目や職業が天命です。人との心の触れ合いが重要で、特に福祉の仕事やボランティアを続けることで自己実現に近づいていきます。集団内では女房役としても活躍します。

天秤座

その場をなごませる能力が高く、集団にあって大きな役目を果たします。また、人と人を結びつける仲介役が得意で、それをすることに大きな喜びを感じます。一方、芸術分野で認められる可能性も。

山羊座

礼儀正しく目上の人を立てるので、集団や組織の中で力を発揮します。下積み時代を経て、1段ずつ昇り、最終的には権力を握るでしょう。歴史や伝統関係に興味があり、その活動に取り組むことも。

獅子座

人の指示は受けずに、自力でトップを目指して実現するタイプ。特に、羨望の的になる華やかな分野で活躍します。少し時間がかかったとしても、その分、より高い地位に上り詰めるでしょう。

蠍座

感性や価値観に独特のものがあって人には理解されにくいのですが、自分の信念を貫くのが天命です。障害があっても、最後は強い意志の力で目的を果たします。特定の分野でカリスマになることも。

水瓶座

反骨精神に富み、常識を打ち破ることが天命で、「変わり者」と言われても意思を貫くことが重要です。ただ、破天荒なだけでは受け入れられないので、論理的に話して周囲を納得させることも大切。

乙女座

分析力、持続力にすぐれ、細やかな配慮ができて人をサポートするので、どこで働いても感謝されます。自分のためよりも、そのように人のために働くことで能力が発揮でき、満足感も得られます。

射手座

自分の個人的成功にはあまり関心がなく、自分が属する集団を発展させたり、人を成功させたりすることに力を注ぎます。リーダーになって集団を引っ張ることが多く、人々から厚く信頼されます。

魚座

出生や地位、名誉には興味がなく、いかに人の役に立てるか、人を助けられるかが人生のテーマです。同時に芸術に関心が高く、才能もあるので、アーティストとしては名声を得るかもしれません。

深い意味は前世での家庭生活

IC

あなたの課題になっている家庭生活

ホロスコープの下方、4ハウスが始まる地点（3ハウスと4ハウスの境界線）を「IC（天底）」といいます。ホロスコープ上では、あなたが生まれたときの空で、太陽が当たらない場所を意味します。ICは、ラテン語で「天底」を表す言葉の頭文字です。

MCが社会で目指すべきところを示すのに対し、その真向かいにあるICは人間の土台や根っこになる部分を示します。

社会で活躍するには、疲れを癒し、活力を養う家庭が欠かせません。人の人生でいえば、それが根っこのような位置づけになるので、ICはあなたが目指すべき家庭生活や、心から満足感を得られる家庭環境などを示しています。

これも一般には知られていませんが、ICにはもう一段深い意味があります。それは「前世での家庭生活」です。前世でその家庭生活を送ったもののうまくいかず、それを課題として現世に生まれたと考えることができます。だからこそ、それがあなたの手に入れるべき家庭、自分として満足感が高い家庭になるのです。ICを参考にして、自分が心から納得できる家庭を作りましょう。

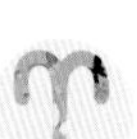

牡羊座

もめ事の多い家庭環境で育った影響もあって、独立心や防衛本能が旺盛。そのため、プライバシーを守れる個室が必須で、広い部屋では落ち着きません。自分が好きなように使える部屋を好みます。

牡牛座

五感が鋭く、その感覚が満たされることが重要。好きな絵を飾り、好きな音楽をかけ、好きなアロマの香りを楽しめる部屋で、好みの食事をとる生活ができれば満足感・充実感が得られるでしょう。

双子座

多くの人とコミュニケーションをとれる場に魅力を感じます。そのため、人を招いて会食などをしやすい家庭環境を好みます。人と会話をして、話が広がると大きな喜びを感じ、活力が湧いてきます。

蟹座

いつも家族の愛に包まれ、支えられていたいタイプ。家族に甘えたり、困ったことを相談したりできる家庭環境なら、心から安心できて癒されるでしょう。その場所としての家のメンテナンスも重要。

獅子座

家の中で王様でいることを望むタイプ。家族や周囲の人がみんな自分の味方で、称賛してくれるという状況に安心感を持ちます。逆に否定的な言動に触れると自信を失うので、家族は注意が必要です。

乙女座

いつでも同じようにレイアウトや装飾された同じ居心地の部屋を求めます。「いつも通り」ということで深い安心感を得るのです。さらに、その部屋で好きなことに没頭できれば至福のときといえます。

天秤座

美意識が鋭く、それが十分に満足できる空間を求めます。自分が「美しい」と感じるインテリアや装飾品などに囲まれた暮らしで落ち着き、癒されるのです。また、経済的な不安がないことも重要。

蠍座

周囲と切り離された隠れ家のような空間を求めます。性能のよい防音壁で、外界の音や気配がシャットアウトできるのが理想。その空間で自分の世界に没頭できれば、心身が癒されて力が湧きます。

射手座

知識を蓄え、見識を広めるのが大好きなので、知識人が集まるサロンのような場所を好みます。家庭に縛られるのは好まないため、ときには気ままに旅をすることも必須で、それによって癒されます。

山羊座

子ども時代に慣れ親しんだ生活習慣を、そのまま再現・維持できる環境を求めます。そこに、自分を守ってくれる尊敬できる人がいれば理想的。そんな環境が整えば、最も落ち着いて癒されるでしょう。

水瓶座

世間のしがらみや常識に縛られることを嫌い、心身が解き放てる空間を求めます。気の合う仲間が集う場所や、ときには１人きりの場所が必要になります。家に限らず大自然の中なども好みます。

魚座

自分のイマジネーションの世界を邪魔しない静かな空間や自然の中などを好みます。都会の家なら防音設備が必要でしょう。そんな場所で、静かに目を閉じて自分の世界に浸るのが至福の喜びです。

COLMUN

惑星が入っていないハウスの役割

出生ホロスコープを作成すると、惑星が入っていないハウスが存在します。ハウスは12個、惑星は10個なので、当然そうなります。惑星が入っていないハウスにも意味があります。12ハウスは、人生のテーマに呼応していますが（77ページ参照）、惑星が入っていないハウスは、その人の人生で、優先順位が高くないテーマを示しています。「仕事より家族」「お金より社会活動」など、人によって優先事項がありますが、その順位が低いことを示していると考えてください。

また、惑星が入っているときほどは作用が強くないものの、そのハウスを司っている星座の守護星に注目して読み解くこともできます。そのハウスの始まりの境界線（１ハウスなら12ハウスと１ハウスの境界線）が突き当たる星座を見て、下記の守護星を調べます。その守護星が、そのハウスに入っていると仮定して、当てはまるところを読めばＯＫです。

●星座の守護星　牡羊座＝火星／牡牛座＝金星／双子座＝水星／蟹座＝月／獅子座＝太陽／乙女座＝水星／天秤座＝金星／蠍座＝冥王星／射手座＝木星／山羊座＝土星／水瓶座＝天王星／魚座＝海王星

CHAPTER5

アスペクト

astrological aspect

アスペクト

惑星同士の角度が強い影響を与える

ホロスコープ上にある惑星同士の角度のことを「アスペクト（座相）」といいます。西洋占星術では、アスペクトを重視します。人と人に縁があれば影響を与え合うのと同じで、惑星同士も角度によって特有の刺激や影響を与え合うからです。アスペクトにも多くのものがありますが、中でも影響力が強い以下の5つを「メジャーアスペクト」と呼びます。

●0度＝コンジャンクション
●60度＝セクスタイル
●90度＝スクエア
●120度＝トライン
●180度＝オポジション

本書では、この5つのメジャーアスペクトを取り上げて解説します。

5つのメジャーアスペクトのうち、60度と120度を「ソフト・アスペクト」と呼びます。ソフト・アスペクトは安定や調和を表し、よい影響が出やすい「吉座相」とされます。90度と180度は不安定や不調和を表し、悪い影響が出やすい「凶座相」とされます。

0度のコンジャンクションは、惑星同士が重なっている状態です。基本的には、惑星のよい面同士が最大限に出てうまく調和し、最良の吉になります。ただ、ふとしたはずみに悪い影響が出ると、今度は最悪の凶になってしまいます。その意味で0度は「吉凶混合」あるいは「合（ぴったり重なっているという意味）」と呼ばれます。

といっても、0度のコンジャンクションは、おおむねよい作用をもたらし、広い意味ではソフト・アスペクトに含まれると考えてもよいものです。そこで本書では、ソフト・アスペクトの説明欄で、補足的に0度のコンジャンクションについても触れます（ただし、惑星の組み合わせで、ソフト・アスペクトがない場合は、コンジャンクションのみの説明文を記載しています）。

一方、ハード・アスペクトの中でも、特に凶作用をもたらすのが90度の場合です。惑星の悪い部分が出て影響し合うので、このアスペクトがあったら十分な注意が必要です。人は、凶作用があると知って用心していると、不思議と悪いことを避けやすくなります。さらに、90度のアスペクトに対しては、本書の付録の「ソロモン王シール」を使えば、宇宙エネルギーでその凶作用を回避できます。簡単な方法で凶のパワーを中和できるのでお勧めです（詳しくはチャプター7参照）。

ソフト・アスペクト

安定と調和を表し、
良い影響が出やすい「吉座相」

セクスタイル

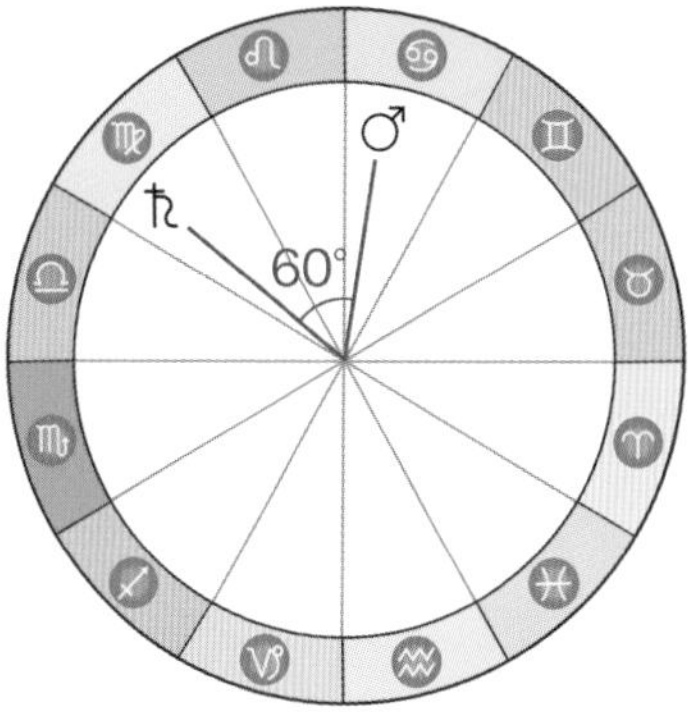

トライン

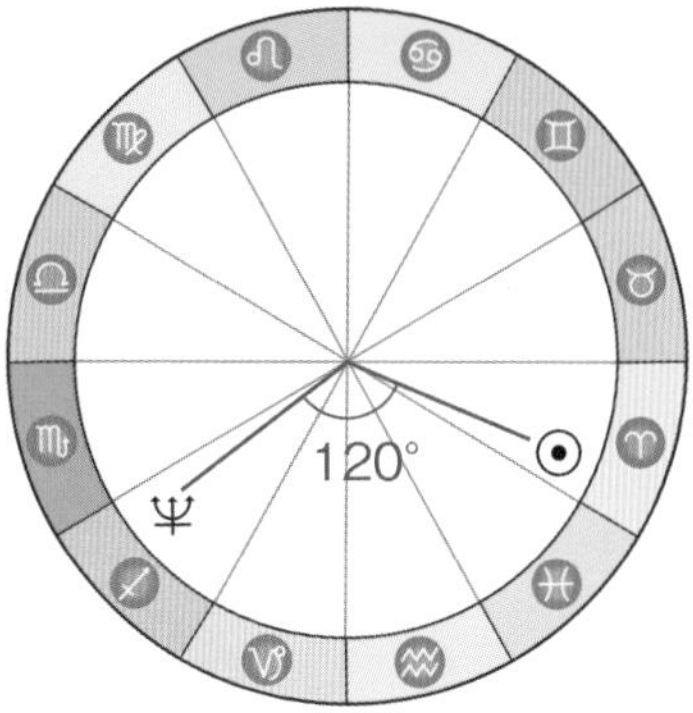

ハード・アスペクト

不安定や不調和を表し、
悪い影響が出やすい「凶座相」

特に注意が必要!!

スクエア

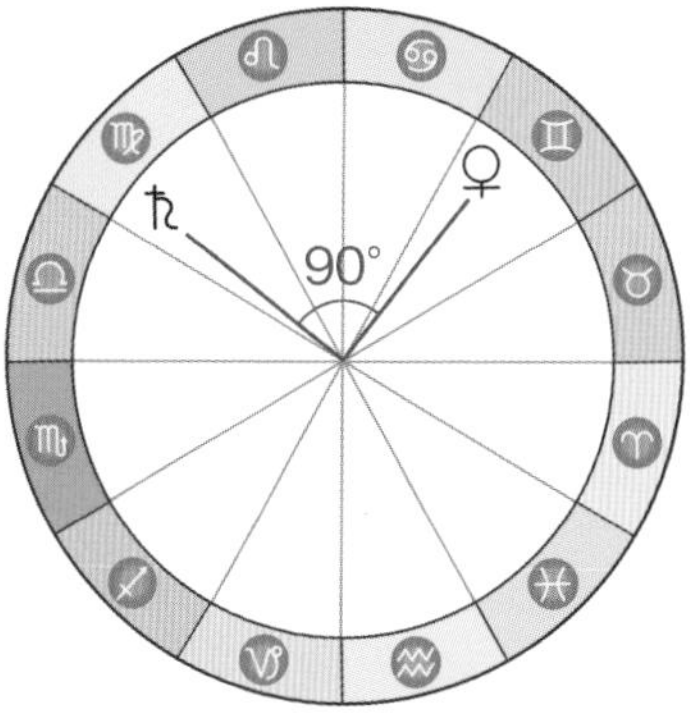

オポジション

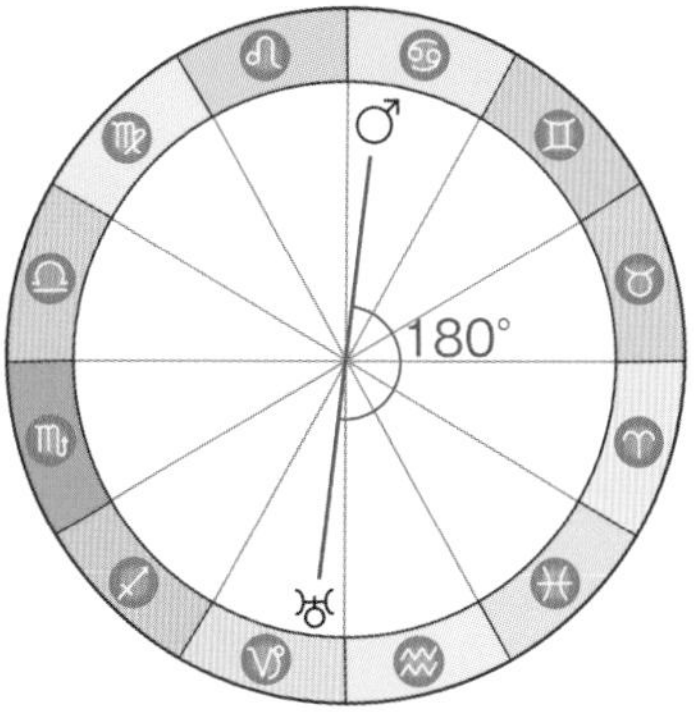

コンジャンクション

惑星同士が重なっている状態で、
吉凶両面を併せ持つ座相

太陽のアスペクト

エネルギーや生命力の象徴で、成長を促す存在である太陽。その人に生まれつき備わっている本質的な特性も示し、ホロスコープでは最も重要な惑星です。そんな太陽が他の惑星とアスペクトを作ると、いい意味でも悪い意味でもその惑星の特性が強調され、より明確に発揮されます。また、太陽は、父親（女性にとっては夫も）の象徴でもあるため、それらの人との関係性が表れることもあります。

太陽と月

ハード・アスペクト（180°、90°）

さまざまな葛藤を抱えることが多く、願望や目標が達成できるまでにかなり遠回りしそうです。神経質な面があり、起きたことに対して冷静さを失って過剰に反応したり、責任のない人をヒステリックに責めてしまったりすることも。自分から悩みを作り出して苦しむことも多いでしょう。家庭では父親との間がギクシャクしたり、女性は夫に不満を抱いたりしがちです。

ソフト・アスペクト（120°、60°）

人生で抱いた願望や目標は、きわめてスムーズに達成できるでしょう。育っていく段階からそのような環境が整っているうえ、周囲には両親、上司、友人など、協力してくれる人が多く現れるからです。心身のバランスがとれた健康体で、生命力が満ちています。コンジャンクションの場合、さらに強運になりますが、見栄っ張りなところが出ると人が離れていく恐れも。

太陽と水星

太陽と水星のアスペクトについて

惑星の運行上、水星は太陽から28度以上離れることはありません。そのため、太陽と水星との間に形成されるアスペクトは、メジャーアスペクトの中ではコンジャンクション（0°）だけとなります。太陽と水星がコンジャンクション（0°）を形成している場合は、左の説明をお読みください。

コンジャンクション（0°）

知性的な魅力にあふれ、教養豊かです。コミュニケーション力も高く、誰とでもすぐ仲よくなり、自分の協力者を増やします。知的好奇心や知識欲が強く、新しいことを学んだり、興味のあることを掘り下げたりするために、あちこちに旅行に行くことも多いでしょう。ただ、ふとしたときに、持ち前の知的好奇心を失い、コミュニケーション力が衰える時期があるかも。

太陽と金星

太陽と金星のアスペクトについて

惑星の運行上、金星は太陽から48度以上離れることはありません。そのため、太陽と金星との間に形成されるアスペクトは、メジャーアスペクトの中ではコンジャンクション（0°）だけとなります。太陽と金星がコンジャンクション（0°）を形成している場合は、左の説明をお読みください。

コンジャンクション（0°）

男女を問わず容姿端麗で、明るく魅力にあふれています。美に対する高いセンスを持っているので、洗練されたファッションに身を包み、それがいっそう魅力を引き立てます。社交的で人気があり、目上の人からかわいがられて大きな成功を手にします。ただし、「いかに楽をするか」という考えに取りつかれてしまうと、快楽主義の面が出てきて成功から遠のくことも。

太陽と火星

ハード・アスペクト
（180°、90°）

攻撃的で気が短く、衝動にかられて行動しがち。冷静さが足りずに、たやすく怒りの感情を爆発させてしまいます。そのため、人間関係ではいつもトラブルを抱えます。周囲の人からは「怒りっぽい人」と見られて敬遠されます。味方でいてくれた人にまで、つい挑発的な態度をとって人間関係を壊すことも。また、家庭でも夫婦ゲンカや親子ゲンカが絶えません。

ソフト・アスペクト
（120°、60°）

体力・精神力ともに旺盛でエネルギッシュ。何事にも勇気を持って取り組むチャレンジャーです。病気やケガとはほとんど無縁で、した場合も人並み外れた回復力を発揮します。組織や集団では頼れるリーダーとなって人々を引っ張ります。コンジャンクションの場合は、よりいっそうパワフルな行動力を発揮しますが、ふとしたときに攻撃性が強まることがあるので注意。

太陽と木星

ハード・アスペクト
（180°、90°）

富や権力を手に入れると、自制がきかなくなって誇示や自慢をしたり、お金を一気に使ってしまったりと、後先を考えない行動をしがちです。しかも、欲望のコントロールもうまくできずに暴走しやすいため、危険な賭けに出ることがあり、最悪の場合は全財産を失うことも。不正取引など、法律上のリスクを冒す場合もあり、人生の中にさまざまな危険があります。

ソフト・アスペクト
（120°、60°）

おっとりしておおらかな雰囲気を持ち、がむしゃらに頑張るわけではないのですが、願ったことはいつの間にか叶うという幸運の持ち主。人間関係にも恵まれ、常に引き立ててくれる人や援助してくれる人が現れて成功を手中にします。コンジャンクションの場合は、さらなる強運に恵まれますが、物事を楽観視し過ぎて感謝を忘れると、一気に運が降下するので注意。

太陽と土星

ハード・アスペクト
（180°、90°）

意欲や野心が空回りして、常に不満を抱いており、また、他人にはコンプレックスを抱きます。物事にうまくいかない部分があると、順調なところがあっても悲観的になり、結果的に全体を失敗に終わらせてしまうことがよくあります。被害者意識も強く、ネガティブな妄想に取りつかれることも。実力が十分ありながら、それが活かせず、もったいない結末になりがち。

ソフト・アスペクト
（120°、60°）

不屈の精神と強靭な忍耐力で突き進む粘り強いパワーに満ちています。真面目な努力家で、何事も堅実にこなし、実績を積み重ねます。周囲からは信頼され、特に目上の人から認められて、大器晩成型ながら大きな成功を果たすでしょう。コンジャンクションの場合は、さらにストイックな面が目立ち、人に厳しくし過ぎて人間関係にトラブルを起こすことがあります。

太陽と天王星

ハード・アスペクト
（180°、90°）

自由を求める気持ちが強く、職場や組織に必要なルールまでも嫌ったり、無視したりして過激な行動に出ます。その結果、気がつくと周囲に人がいなくなって「孤立していた」ということになりがちです。専門性の高い分野でフリーランス的に働くのは望むところでもあるでしょうが、孤立していると研究生活もままなりません。一定の協調性を身につけることは大切です。

ソフト・アスペクト
（120°、60°）

独立精神に加えて独自の価値観と着眼点を持ち、物事に意外な観点から斬り込んでいきます。そのユニークなやり方で、「ちょっと変わっているけど面白い実力派」と高く評価されます。特に、専門性の高い分野で活躍するでしょう。コンジャンクションの場合は、さらに奇抜な視点とやり方で成功しますが、独立志向が強過ぎると、自ら波乱を求めてピンチを招くことも。

太陽と海王星

ハード・アスペクト
（180°、90°）

現実離れした夢を追い続けており、実生活では破綻することがあります。芸術的なセンスと才能に恵まれながらも、現実を見ないで努力を怠るために、成功の道が遠のいてしまいます。また、自分の直感を過信するあまり、騙されやすいという危うさも持っています。苦しくなるとお酒やギャンブル、買い物などの依存に陥ることも。問題を直視することが解決への第一歩。

ソフト・アスペクト
（120°、60°）

豊かな感受性と鋭い直感力を持ち、クリエイティブな分野ですぐれた才能を発揮します。時代を先取りするような先見の明があり、人々が求めるものを作り出すことができます。その成果によって、大きな社会的成功と財産、地位を手に入れます。コンジャンクションの場合は、よりいっそう芸術的センスにすぐれますが、マニアック過ぎて人々から敬遠されることも。

太陽と冥王星

ハード・アスペクト
（180°、90°）

表面化はしにくいものの、非常に強いエネルギーを秘めています。それがいい形で使われずに、荒々しく爆発的に出てしまいがち。エスカレートすると人に対しても攻撃的になる場合があり、自他ともに危険にさらされます。せっかくの才能を活かすには、あり余るほどの自分の内在的なエネルギーを適切に使うことが重要。信頼できる人の助言を受けるのもよい方法。

ソフト・アスペクト
（120°、60°）

困難な状況に陥っても、強い精神力で乗り越える強さを持っています。瞬発力には欠けるものの、着実にコツコツと努力して物事を好転させていけるでしょう。努力に応えて環境も味方してくれ、協力者が次々に現れます。コンジャンクションの場合は、さらなる自制心の強さを持ちますが、目的のためには手段を選ばない冷酷さが見えて、人から敬遠される恐れも。

月のアスペクト

太陽と並んで強い影響力を持つのが月です。特に感情的な部分で働きかける作用が強く、その人の感受性のあり方や心情を表します。月と他の惑星とのアスペクトに注目すると、心情的なエネルギーの動きがわかります。また、月は幼少時代の環境や自分の母親、男性にとっては妻の象徴でもあり、それらの人との関係性も読み取れます。女性の場合は、どんな妻になるのかを表しています。

月と水星

ハード・アスペクト
（180°、90°）

感情面が豊かなゆえに、人の噂話やスキャンダル、ゴシップなどに強く惹きつけられ、それを鵜呑みにして他者に伝えるという悪い癖があります。事実かどうかわからないことを拡散するのはトラブルのもと。場合によっては法的な責任を問われる場合もあります。また、人の気持ちを推し量るあまり、相手によって言動を変えるところがあり、それもトラブルのもとです。

ソフト・アスペクト
（120°、60°）

相手が何を求めているかを敏感に察して動くため、一緒にいて居心地のよさを感じる人です。コミュニケーション能力が高く、表現力もあって魅力的な話しぶりなので、周囲の人から好かれる人気者です。コンジャンクションの場合は、さらに人の立場に立つスタンスで感謝されますが、過剰なサービス精神で自分が疲れてしまうことも。その部分のバランス感覚も重要です。

月と金星

ハード・アスペクト
（180°、90°）

無邪気で純真ですが、気まぐれで奔放な面があり、それが災いしそう。異性からはモテますが、心身が不安定なため、愛情面で依存傾向が出たり、複数の人とつき合ったりしてトラブルを招きがちです。何かをやり遂げることが苦手で、安直な道を選ぶ傾向があり、それもトラブルにつながることがあります。ストレスが強くなると、過食や衝動買いに走りやすいので注意。

ソフト・アスペクト
（120°、60°）

高い美意識を持ち、自分の好む美しいものを周囲に置くことで幸せを感じます。社交的でパーティーや会食もよく企画します。思ったことを素直に口にする無邪気さがあり、それが魅力と捉えられて人々から愛されます。コンジャンクションの場合は、さらに人から愛されるキャラクターになるものの、ときに素直さが裏目に出て人を不快にさせる恐れがあります。

月と火星

ハード・アスペクト
（180°、90°）

短期で気難しく、人の好き嫌いが激しい傾向があります。また、気分の浮き沈みがあり、つき合う人を戸惑わせたり、怒らせたりすることも。自分で感情面のムラがあることを認識しておかないと、そのときの気分で衝動的に動いて大きな失敗をする危険があります。家庭生活でも、感情を爆発させたり、衝動買いをしたりして、家族同士のケンカに発展しやすいので注意。

ソフト・アスペクト
（120°、60°）

明るくアクティブで、いっときもじっとしていられないタイプ。素朴な話し方ながら、おしゃべりも魅力的で、サッパリした性格で裏表がないので多くの人に好かれます。素朴さが目立つものの、いざというときはリーダー的に振る舞う意外な一面も。コンジャンクションの場合は、よりいっそう積極性を持ちますが、荒々しさや無茶な行動からトラブルに発展する恐れも。

月と木星

ハード・アスペクト
（180°、90°）

楽天的なのんびり屋さんで、その特性が強くなるあまり、努力を放棄してしまうところがあります。自分が頑張らなくても、何とかなるという甘えが見えるために「お調子者」と呼ばれてしまいます。また、のんびりしすぎてチャンスを逃してしまう危険性も大きいといえます。壮大なビジョンを語りながら、夢だけで終わることも多く、周囲の人から呆れられることも。

ソフト・アスペクト
（120°、60°）

いつもおおらかで、見るからに人としての器が大きいことを感じさせるタイプ。めったなことではいらついたり怒ったりしません。安心して一緒にいられて癒されるので人気があります。ボランティア活動などを通じて社会に貢献しようとするやさしい心の持ち主。コンジャンクションの場合は、さらにおおらかで楽天的ですが、度を超すと無防備さがトラブルを招くことも。

月と土星

ハード・アスペクト
（180°、90°）

疑い深い性格で、人の言うことに裏があるのではないかと常に勘ぐっています。また、コンプレックスが強く、自分を実際以上に劣って感じたり、一方では過大評価したりして、なかなか等身大で見ることができません。対人関係に苦手意識があり、会話やつき合いを避けて自分の世界に閉じこもる一面も。等身大でポジティブに生きるには、現実の直視から始めましょう。

ソフト・アスペクト
（120°、60°）

きわめて慎重で堅実。若い頃から人生プランを立て、貯蓄や保険、住居のことなどを計画的に進めます。老後のための備えもコツコツと貯めています。責任感が強くて真面目なので、会社勤めであれば、確実に評価され、速度は遅くても出世します。コンジャンクションの場合は、さらに堅実さを発揮しますが、ときには融通がきかな過ぎて周囲から煙たがられることも。

月と天王星

ハード・アスペクト（180°、90°）

非常に頑固で、束縛や制限を極端に嫌います。天才系の発想ができるために、自意識が強くなって人を見下す傾向があります。これらの側面が強くなると、社会生活になじめず、孤立してしまうことも。孤立の原因を自分が作っていることに気づくことが大切です。ルールを重んじないため、特に男性は、結婚していても自由奔放に恋愛して別居や離婚につながる危険性も。

ソフト・アスペクト（120°、60°）

人が驚くようなユニークな発想力と鋭い感性、独創力を持っています。誰も思いつかないようなシステムを考え出したり、商品を開発したりします。「少し変わり者だけど面白い人」として話題になるでしょう。コンジャンクションの場合は、よりいっそうユニークになり、ありきたりのことでは満足しなくなります。度を超すと通常の人付き合いに弊害が出る場合も。

月と海王星

ハード・アスペクト（180°、90°）

直感力や空想力の豊かさがマイナスに働き、現実逃避を招くことがあります。理想と現実のギャップの大きさに悩んだあげく、幻想の世界に逃げ込んでしまうのです。逃げ込んでも、自分としてはつらさを感じて苦しむことになるので、勇気を持って現実に立ち戻る必要があります。人に騙されて大きなダメージを受ける危険性があるので、その面でも注意が必要です。

ソフト・アスペクト（120°、60°）

豊かなイマジネーションを活かして、絵、音楽、踊り、映像などを創作し、自分で楽しむとともに人を楽しませます。幻想の世界の住人でありつつ、現実世界でもしっかり対話や人助けができるという多面性があります。直感力で危険を回避できるという特技も持っています。コンジャンクションの場合は、夢見がちな部分が強まり、度を超すと周囲と馴染めない場合も。

月と冥王星

ハード・アスペクト
（180°、90°）

感情表現がわかりやすく、喜怒哀楽を明確に表に出します。感情がエスカレートし、自分を見失うことも。特に、嫉妬心を抱いてジェラシーの炎を燃え上がらせると、歯止めがきかなくなりがちです。愛する相手や信頼できる相手の裏切りに遭うと、仕返しをしようと考えることもあります。それ以上、自分が傷つかないためにも、気持ちをほかに切り替えることが大切。

ソフト・アスペクト
（120°、60°）

深い愛情と豊かな感情を活かして、人の面倒をよく見る人情家です。母性本能が強く、義理人情に厚く、人に心底やさしく接するタイプです。そうした特性を持つゆえに、表面上のつき合いで多くの友人を持つことは好まず、少数でも心の通った友人を持つことを好みます。コンジャンクションの場合は、さらに愛情豊かですが、子どもがいると溺愛傾向が現れることも。

水星のアスペクト

水星は、知性、学習能力、知的好奇心、コミュニケーション能力、情報収集力など、知的な活動全般に関する能力を司ります。水星がほかの惑星とどんなアスペクトを形成するかを見れば、その人の持つ知的な素質や能力が「どんな分野でどう活かされるか」が示されます。それにより社会や組織との関わり方、関わる際の注意点などもわかるため、就職・転職などのときのヒントにもなります。

水星と金星

水星と金星のアスペクトについて

惑星の運行上、水星と金星は76度以上離れることはありません。そのため、90度などのハード・アスペクトは生じません。また、ソフト・アスペクトも60度のみになります。水星と金星が60度のソフト・アスペクト、もしくはコンジャンクション（0°）を形成している場合は、左の説明をお読みください。

ソフト・アスペクト
（60°）

知的好奇心が旺盛で情報収集のアンテナが鋭いので、新しい知識をどんどん取り込み、自分の中の情報を常にアップデートしています。それをファッションや会話にも取り入れるので、時代の最先端を行くイメージが人を惹きつけます。コンジャンクションの場合は、さらにアンテナが鋭くハイセンスですが、知識をひけらかすところが出てくると運が下降するので注意。

水星と火星

ハード・アスペクト
（180°、90°）

　豊かな知性と鋭いアンテナを持つのは誰もが認めるところですが、それゆえに神経が過敏なところがあります。人が自分と同じペースで動けないからとイライラして人に嫌な思いをさせることも。自分がすばやく行動できる分、他人のスローペースを許容できず、結果的に自分も人も疲れることになりがちです。気持ちに余裕を持つことが、楽に生きるカギになるでしょう。

ソフト・アスペクト
（120°、60°）

　向学心が強く、常に新しい知識を取り入れようとする意欲に燃えています。そのための行動もすばやく、常に有言実行で自分を高める姿は魅力的です。周囲の人もよい影響を受けて、グループ全体の意識が高まります。コンジャンクションの場合は、さらに活力と意欲が強くなりますが、議論好きが高じて辛辣な発言が多くなると、人から敬遠されることもあるので注意。

水星と木星

ハード・アスペクト
（180°、90°）

　博識さを鼻にかけたり、根拠のない自己主張をしたりして、周囲から敬遠されがちです。言動は堂々としていて自信たっぷりなので、最初は信頼されますが、つき合ううちに尊大な態度や責任感の希薄さが表面化します。そのために、大きなチャンスを失うことも。自分の才能を活かすには、謙虚さや堅実さ、責任感なども重要であることを再認識するとよいでしょう。

ソフト・アスペクト
（120°、60°）

　多彩な分野の知識を持ち、さらに向上心を持って学び続けています。博識ですが、それをひけらかすこともなく人柄は穏やかで人徳を感じさせます。人からものを尋ねられたときも、丁寧に教えてあげるので多くの人に慕われます。コンジャンクションの場合は、さらに向学心が強く、専門職に向いています。ただし、地道な努力を忘れると運が低下する恐れがあります。

水星と土星

ハード・アスペクト
（180°、90°）

疑心暗鬼になりやすく、物事を悲観的に見る傾向があります。そのうえ、人との触れ合いは敬遠しがちなので、周囲からは暗い印象を持たれるかも。自分なりの信念やこだわりがあるのはいいのですが、ときには人の意見に素直に耳を傾けることも必要です。特に不安や心配が募ったら、１人で抱え込まずに、信頼できる誰かに相談して、自分の心を楽にしてあげましょう。

ソフト・アスペクト
（120°、60°）

大人になっても学び続けることが好きな人で、いつも勉強や読書をしています。地道に努力を重ねて知識やスキルを習得することを、喜びと感じてとことん頑張れるタイプ。コンジャンクションの場合は、さらに向学心が旺盛な努力家ですが、勉強に没頭するあまり、人間関係が希薄になる恐れがあります。知識を社会で役立てるためにも、人とのつながりも大切に。

水星と天王星

ハード・アスペクト
（180°、90°）

才能豊かで博識ですが、議論好きで弁が立つため、周囲に議論をふっかけることが多く、敬遠されがちです。人から理解されにくいマニアックな趣味に走り、相手の気持ちにかまわず自分の趣味について熱弁することがあり、周囲とのコミュニケーションに難が生じやすいタイプ。興味を持ってくれる人を選んで話すなど、相手の気持ちを推し量ってつき合うことも必要です。

ソフト・アスペクト
（120°、60°）

並外れた知識を持つうえに天才的な直感力があり、天啓といえるようなヒラメキが舞い降りることがあります。特に理数系に強く、それを活かせる専門分野で働けば、社会貢献できて自分も充実感が味わえるでしょう。コンジャンクションの場合は、さらに「鬼才」と称されるほどの才能を発揮しますが、強烈な個性が受け入れられないと偏屈になってしまう場合も。

水星と海王星

ハード・アスペクト
(180°、90°)

知性と知識は豊かですが、集中力や行動力に欠け、混乱しやすいという弱点があります。特に、困難な状況や苦手なことに対しては、現実逃避してしまいがち。具体的な対策をとらないまま、物事を投げ出してしまったり、雲隠れしてしまったりして、周囲に迷惑をかけることも。せっかくの才能を活かすには、逃避癖をやめて現実と向き合うことが第一歩になります。

ソフト・アスペクト
(120°、60°)

豊かな想像力と鋭い直感力を持ち、スピリチュアルな能力もあります。それらを活かして人を癒したり、励ましたりすることが得意。夢見がちなイメージに反して、意外と地に足をつけて、自分の能力をビジネスにつなげる努力もするタイプです。コンジャンクションの場合は、さらにイマジネーション豊かですが、どこか現実離れしており、周囲の人と距離を置きがちです。

水星と冥王星

ハード・アスペクト
(180°、90°)

優秀な頭脳を持ち、集中力も抜群なので、研究開発などに向くタイプ。困難を乗り越える力もあり、ノルマを課されるとかえってやる気を出して頑張ります。しかし、その頑張りが上司や周囲に認められないと、急に無気力になって仕事や役目を放り出すことも。こうした点での不満を抱いてため込むと、極端な行動に出る恐れもあります。冷静さを忘れないよう心がけて。

ソフト・アスペクト
(120°、60°)

専門知識が豊富ですが、研究に打ち込むだけではなく、人と理解し合いたいと願うタイプ。表面上だけではなく、人と深く関わろうとしてじっくりコミュニケーションをとるので、深いつき合いができるでしょう。コンジャンクションの場合は、それらに加えて洞察力が鋭く、相手のことを見抜きます。ただ、それをもとに相手に完璧を求めると、人間関係が壊れる恐れも。

金星のアスペクト

金星は、美や愛情に関することや財産などを象徴します。他の惑星とどんなアスペクトを形成するかで、その人の美的センス、恋愛観や恋愛パターン、財運や経済感覚、収入源になりやすいもの、合うレジャーなどが示されます。金星は代表的な吉星なので、ソフト・アスペクトが多ければ、それだけでも幸運に恵まれるでしょう。逆にハード・アスペクトが多いと、人生の困難が予想されます。

金星と火星

ハード・アスペクト
（180°、90°）

恋多き人、逆にいえば恋愛関係が長続きしない人です。つき合い始めるまではよいのですが、恋愛中に２人の間に溝ができやすく、すれ違いや理解不足から別れることになりがち。自分の性的欲求が強く、相手とアンバランスになるのが別れの原因になるケースもあります。フィジカル面だけを重視しないで、心の触れ合いも大切にしてつき合うと溝が埋まりやすいでしょう。

ソフト・アスペクト
（120°、60°）

異性にモテるタイプで、人からうらやましがられるような恋愛運や素敵な相手に恵まれます。モテるからと傲慢になることなく、純粋な愛情を相手に注ぐので、もしも最初が片思いでも、思いが成就することが多いのです。コンジャンクションの場合は、モテることは同じですが、気が短いところがあるために、相手を幻滅させる恐れも。時間をかけた心の触れ合いを大切に。

金星と木星

ハード・アスペクト
（180°、90°）

財運に恵まれているのに、持っている以上のお金を使った贅沢を好んで、散財してしまう危険があります。自分の華やかな姿を演出したがり、ファッションへの浪費も増えやすいでしょう。その背景には、常に異性からの注目を集めていたいという心理があります。恋愛相手に物質的な援助をして、気を引くことも。精神的なつながりを重視する恋愛観に立ち戻りましょう。

ソフト・アスペクト
（120°、60°）

明るくさわやかな印象で、多くの恋愛チャンスに恵まれます。また、目上の人に引き立てられて成功したり、財運がよくなったりと、いろいろな面の幸運が約束されています。コンジャンクションの場合は、よりいっそうの幸運に恵まれますが、快楽を追求すると自制がきかなくなって、衝動買いやモラルに反した恋愛を繰り返すことも。バランス感覚を保つよう心がけて。

金星と土星

ハード・アスペクト
（180°、90°）

恋愛に困難が立ち塞がることが多くなります。つき合い始めてから、事情が生じて離れて暮らすことになったり、家族から交際を反対されたりと、試練が続きます。本物の恋だという自信を持っていれば、一つずつ障害が除かれていくでしょう。経済面では、節約する気持ちが強過ぎて、生活がギスギスしてくることも。心の余裕を失わない範囲で上手に節約しましょう。

ソフト・アスペクト
（120°、60°）

精神面を重視した恋愛をし、相手に真摯な愛情を注ぐタイプ。心から尊敬できる異性を選び、見返りは求めずに純粋な恋愛をします。男女ともに、年上で知識が豊富な相手に惹かれる傾向が強いでしょう。コンジャンクションの場合、同様に恋愛観は一途ですが、自分の気持ちを素直に口にできない傾向があり、誤解されたり、関係が破綻したりする恐れも。素直さを大切に。

金星と天王星

ハード・アスペクト
（180°、90°）

情熱的ですが、熱しやすく冷めやすいため、恋愛は長続きしにくいタイプ。複数の人との交際や三角関係も厭わないので、トラブルやスキャンダルがついて回ります。仕事では抜群の発想力や企画力があるため、クリエイティブな分野で活躍して大きな財産を築きますが、無計画な使い方や衝動買いで失うかも。恋愛も経済面も、けじめを意識することで好転するでしょう。

ソフト・アスペクト
（120°、60°）

生活やファッション、会話など、すべてにセンスを感じさせる人。恋愛も例外ではなく、映画やドラマのようなエピソードから始まる恋愛を経験します。電撃的な形で交際や結婚をして周囲を驚かせることも。コンジャンクションの場合もドラマチックな恋愛を多く経験しますが、モラルやルールを軽んじる傾向が強まります。恋愛は長続きせず、別れを繰り返すでしょう。

金星と海王星

ハード・アスペクト
（180°、90°）

ドラマチックな恋愛に溺れやすい傾向があります。幻想の世界に生きているような雰囲気があり、それが魅力的に見えることも多いでしょう。ただ、精神的にタフではないため、油断すると恋愛に依存し、相手に精神的負担がかかることも。音楽やダンスなどの才能に恵まれているので、恋愛だけに注力しないでそれらの活動に取り組むと、充実した生活になるでしょう。

ソフト・アスペクト
（120°、60°）

雰囲気を大事にするロマンチストで、恋人と一緒に幻想的な世界に浸っていたいと思うタイプ。そのために、手の込んだ演出を考えることも。「守ってあげたい」と思うような異性が好きで、そういう相手を支えることに喜びを感じます。コンジャンクションの場合もロマンチックな恋愛観を大切にしますが、恋愛相手に感化されやすく、自分を見失うことがあるので注意。

金星と冥王星

ハード・アスペクト
（180°、90°）

恋愛に関しては激しい感情を持ちやすく、相手を振り回します。また、相手を支配・独占したがり、過干渉をして自由を認めない場合や、嫉妬深くなって監視を強める場合も。相手を束縛することは愛とは違うと再認識しましょう。一方、このアスペクトの持ち主には、昔の不本意な性的体験によるトラウマを負っていて、異性や恋愛に嫌悪感を抱いている人もいます。

ソフト・アスペクト
（120°、60°）

見た目は小悪魔的なムードを漂わせていますが、内面は誠実。恋愛でも仕事でも、誠意があって浮ついたところがないので頼られるでしょう。異性を惹きつける魅力に富み、運命的な縁を感じる人と出会ってつき合うことになりそう。コンジャンクションの場合は、さらなる性的魅力があって異性を惹きつけますが、衝動的な行動に出やすく、それが破綻を招くことも。

火星のアスペクト

火星はパワーとエネルギーを象徴する惑星で、情熱、行動力、攻撃性、闘争本能、勇気、モチベーションなどを司ります。火星が他の惑星とどんなアスペクトを形成するかによって、その人がどういった対象にエネルギーを注ぐのか、自分をどうアピールするのか、といった傾向が読み取れます。体のエネルギーを象徴する意味で、セックスアピールや性的な嗜好なども示される場合があります。

火星と木星

ハード・アスペクト
（180°、90°）

バイタリティーに富み、さまざまな欲求が強い情熱的な性格。気ままで自由奔放なのが度を越して、ルール違反やモラル違反をしてしまうところがあります。自己中心的でスタンドプレーに走りがちなところもあり、周囲の反感を買うことが多くなります。短気で口より先に手が出ることも。冷静さを保ち、自分の立場を客観的に見るように習慣づけることが大切です。

ソフト・アスペクト
（120°、60°）

いい意味での冒険心に富み、行動力があって勝負強いタイプです。アクティブかつパワフルですが、セカセカしたところはなく、おおらかでどっしりしており、人から信頼されて、いろいろなことを任せられます。コンジャンクションの場合は、さらにパワフルですが、凝り性で物事にのめり込み、ときにエスカレートすることも。身近にブレーキをかける人が必要。

火星と土星

ハード・アスペクト
（180°、90°）

意欲はあるものの、忍耐力に欠け、行動力が持続できないタイプです。特に、人から何か言われてやる気がそがれると、驚くほどあっさり諦めて、続けてきたことをやめてしまいます。これが続くと何事も中途半端になってしまい、自分としても達成感が得られず、不幸な人生になります。本当に自分がやりたいことや大事なところでは、粘り強く踏ん張ることが大切。

ソフト・アスペクト
（120°、60°）

困難があるときも、耐え抜いて底力を発揮するタイプ。普段から自己鍛錬に励んでおり、苦労を苦労と思わず、むしろ試練を乗り越えることに喜びを感じます。コンジャンクションの場合も試練への抵抗力は強いのですが、行動を自分で抑制し、ブレーキとアクセルを同時に踏むような状態になるため、ストレスをため込む危険性があります。抑制をゆるめることも必要。

火星と天王星

ハード・アスペクト
（180°、90°）

反骨精神が旺盛で、社会を正そうとする思いが強いのはいいのですが、斜に構えたところがあって行動が過激になりやすいのが難点。革命家を自認して突飛な行動に出ることも。自由を愛し、人から指図されたり制限されたりすることを極端に嫌うため、周囲から見れば、アドバイスもしにくい存在です。冷静になって自分の危うさを知り、コントロールすることが大事。

ソフト・アスペクト
（120°、60°）

強靭なエネルギーを持つ一方、独特な価値観やユーモア精神もあって魅力を感じさせる人。判断力があって適切に誤りを指摘し、正しいことを主張するので、周りからも頼もしく思われます。コンジャンクションの場合、エネルギーや頼りがいがあるのは同じですが、気性が激しすぎて抑えがきかなくなることも。周囲に迎合しないのはよいとしても、冷静さを保つ努力も必要。

火星 海王星

ハード・アスペクト
（180°、90°）

感性がデリケートで、豊かな創造力の持ち主。それだけに社会に適応できないと、自分の世界に引きこもりがちになる傾向があります。生活が不摂生になり始めると、どこまでも堕落して立て直しが難しくなることも。一方で、自分の弱さから悪い友人を引き寄せる危険もあります。真に自分のことを考えてくれる家族や本当の友達を支えにして、自己管理することが大切。

ソフト・アスペクト
（120°、60°）

強靭なエネルギーを持っており、意志が強く、イマジネーションが豊かで幻想的な世界への憧れがあります。また、人を癒す独特のパワーを持っているので、そばにいるだけで元気になるという人が多いでしょう。コンジャンクションの場合は、よりいっそうスピリチュアルな能力が高くなります。同時に、愛情面で流されやすくなるので、恋愛トラブルに注意が必要。

火星と冥王星

ハード・アスペクト
（180°、90°）

物事に強いこだわりがあって執着しやすい性格。プライドも高いので、自分が打ち込んできたことや好きなことを軽んじられたり、否定されたりすると、激しい怒りを持つことがあります。それが著しい場合、破壊的な行動に出ることがあるので、自分も周囲も注意が必要。また、体力を過信して体を酷使しがち。疲れると心も不安定になりやすいので自己管理が大切です。

ソフト・アスペクト
（120°、60°）

あまり表には出さないものの、強い闘争心を持っています。困難や逆境に遭っても逃げることはせず、正面から強行突破しようとするタイプ。生命力と再生力が強く、病気やケガをしても驚異的な回復ぶりを見せます。コンジャンクションの場合は、さらに爆発的といえるほどのエネルギーを秘めています。ときには、それが暴力的な側面として出る場合があるので要注意。

木星のアスペクト

木星は、物事の発展や拡大、幸運を表す惑星です。木星が他の惑星とどんなアスペクトを形成するかによって、その人が、もともとどんなことに恵まれていて、何を発展・拡大させていくパワーを持つのか、逆にやり過ぎてしまう危険性があるのは何か、などを読み取ることができます。そのほか、木星は高度な教育、高い精神性、宗教的なこと、過度な楽観主義、社会的な楽しみなども表します。

木星と土星

ハード・アスペクト
（180°、90°）

高い理想や大きな目標を持っていますが、歯車が噛み合わないような状況に陥りやすく、行動力が伴わないというジレンマがあります。その状態が続くと葛藤やストレスにさらされ、心身ともに疲れてしまうことも。今がアクセルを踏んで頑張るときか、ブレーキを踏んで抑えるときか、見極めるようにすれば、自分のやるべきことが見えてきて道が開けるかもしれません。

ソフト・アスペクト
（120°、60°）

真面目かつ健全な努力家で、堅実な人生を歩むでしょう。持続性や安全性にかけては絶対的に信頼され、自分としてもやりがいを感じます。木星と土星のコンジャンクションは、約20年に1度形成され、社会や国民の生活に大きな変化や影響を及ぼすとされています。このアスペクトの持ち主は、重い責任や困難を伴う仕事を担うことが多く、ストレス管理に注意が必要。

木星と天王星

ハード・アスペクト
（180°、90°）

自由や独立を求める気持ちが強く、大衆を動かすカリスマ的な魅力と能力を持っています。ただし、世の中を改革したいという気持ちが強過ぎて、突飛な行動に出てしまう危険性も。その結果、失脚や失敗を招けば、自分の目標も遠のくことを認識しておく必要があります。熱い気持ちは価値がありますが、だからこそ冷静に判断しながら目的に向かうことが大切です。

ソフト・アスペクト
（120°、60°）

理想を持って向上心に富み、常に社会のために何ができるかを考えています。人柄は気さくで明るく、公明正大なので人気があり、押し上げられて政界などに出て活躍するタイプです。コンジャンクションの場合は、よりいっそう役割意識が強く、社会事業や慈善事業なども積極的に行うでしょう。自分の個人的な楽しみに費やす時間も持って、自己管理することが大切。

木星と海王星

ハード・アスペクト
（180°、90°）

理想を掲げて頑張る人ですが、その目標が非現実的で、「絵に描いた餅」と化している場合が多いのが難点。具体性や現実味に欠けた計画をゴリ押しすると、周囲の人を巻き込んでトラブルに発展することも。経済観念が乏しく、意外と押しに弱いところもあるので、詐欺に遭う危険性もあります。自分の属する団体の財務や経理を任されている場合は、特に注意が必要。

ソフト・アスペクト
（120°、60°）

厚い同情心と人道的な観点を持ち、常に社会的弱者を救うことを考えている善意の人。慈善事業やボランティア活動にも積極的に関わり、その方面で指導的立場になる可能性も大きいでしょう。コンジャンクションの場合も同様に慈悲深く、カウンセラーなどに向いています。ただし、人を疑わない純粋さから、騙される危険性があります。ある程度の警戒心は必要です。

木星と冥王星

ハード・アスペクト
（180°、90°）

　お金や権力、地位などに対する執着が強く、欲望のコントロールが難しい危険なアスペクト。自分の望みを叶えるためなら、強引な手法も厭わないので、周囲との摩擦が頻繁に生じます。財運には大きな波があり、そうまでして築いた財産をたちまち失うというドラマのような展開も。自分と周囲のために、堅実さと謙虚さを持って、改めて価値観を見つめ直すことが重要。

ソフト・アスペクト
（120°、60°）

　公明正大な理念を持ち、人としての軸が明確で、生まれながらのリーダー気質といえます。正しいことを主張して堂々と振る舞うので、多くの人に支持されて世の中を引っ張っていきます。コンジャンクションの場合は、さらにパワフルなよき指導者になり、時代を動かす可能性も秘めています。ただし、世の中を正すために手にした権力に、逆に飲み込まれないよう注意。

土星のアスペクト

土星は試練や制限を与える惑星なので、西洋占星術では凶星として敬遠されがちです。しかし、その人の乗り越えるべき課題を示すと捉えれば、逆にチャンスを与えてくれる惑星とみることもできます。そんな土星が他の惑星とどんなアスペクトを形成するかによって、自分にとっての重要な課題や努力目標がわかります。試練であるとともに好機と捉えて、土星のアスペクトを活かしましょう。

土星と天王星

ハード・アスペクト（180°、90°）

自分独自の哲学を持ち、それが社会に受け入れられていないと感じると、漠然とした不安に包まれて閉じこもりがちになります。もともと社交性も乏しいため、心を許せる友人もおらず、孤独感を募らせることになりがち。ストレスをため込むと、爆発する恐れもあって危険です。潜在的な能力は高いので、少しずつでも人と触れ合い、理解者を増やしていくことが大事。

ソフト・アスペクト（120°、60°）

一見、クセの強い印象をもたれがちですが、真面目で責任感があり、集中力と持続力も持っています。困難があっても進んでぶつかり、その経験を活かそうとするいい意味の貪欲さがあります。コンジャンクションの場合も、ストイックに耐え抜く底力があり、不況の時代も乗り越えるパワーを秘めています。困難を乗り越える姿が、人々を勇気づけ、励ますでしょう。

土星と海王星

ハード・アスペクト
（180°、90°）

自分が育った環境や、自分の能力、容姿などにコンプレックスを抱きやすく、暗い気持ちを抱えがちです。理想を掲げても、ものの見方が偏っているため、実現には向かいにくく、余計に「なぜ自分だけが試練にさらされるのか」と不満を募らせます。自分自身の思考が道を狭め、不運を招いていることに気づく必要があります。恵まれた面、よい面に目を向けることが大切。

ソフト・アスペクト
（120°、60°）

理想を掲げ、夢の実現に向けて壮大な計画を立てます。といっても、現実味のない計画ではなく、地に足の着いた実用性の高いプランなので、着実に目標に向かって進むことができます。コンジャンクションの場合も夢の実現に向かって進みますが、夢と現実の狭間で、現実味の薄い方向に舵を切ってしまうこともあるので要注意。常にバランス感覚を持って動くことが大事。

土星と冥王星

ハード・アスペクト
（180°、90°）

これでもかというほど、度重なる大きな困難や試練に見舞われるアスペクトです。そのため、心が折れて無気力になることは避けられず、一定の期間は自暴自棄になってしまうでしょう。そんな時期には閉じこもりたくなりますが、人との連絡やコミュニケーションを絶たないことが重要です。限られた人でも、つながりを保つことで、次のチャンスが巡ってくるでしょう。

ソフト・アスペクト
（120°、60°）

不屈の忍耐力を持ち、常に現状に満足せず、今の自分を超えようと努力する人。個人の思惑は度外視し、社会のためという観点が強いので、世の中を動かすパワーを生みます。年齢が上になるほど、人間的魅力が高まるのも特徴。コンジャンクションの場合は、さらに強い自制心や使命感を持って社会に貢献しますが、非常に厳しい試練にさらされるので覚悟が必要です。

天王星のアスペクト

天王星は変化や改革、ハプニングなどを象徴する惑星です。また、「自分は他人とは違う存在であるという意識」も司ります。そんな天王星が、他の惑星とどんなアスペクトを形成するかによって、自分の人生では、いつどんな変化や変動に見舞われるのか、どんなハプニングが起こりうるのか、結婚、離婚、別離、就職、転職、独立などに関する事象と、自分のとるべき対策などが示されます。

ハード・アスペクト
（180°、90°）

理想や目標を掲げるのはいいのですが、それらに一貫性がなく、迷いが多く優柔不断です。目標にするゴールも頻繁に変わるため、努力の到達点がわかりにくく、自分自身でモチベーションを下げることになっています。人の意見に左右されたり、影響されたりすることも多く、そのことがさらなる混乱を招いています。まずは自分自身の軸をハッキリさせることが重要。

ソフト・アスペクト
（120°、60°）

高い芸術的センスと鋭い直感力があり、感受性とイマジネーションが豊かです。人の心を敏感に読み取れるので、セラピスト、カウンセラー、占術家など、精神世界に関連しながら人を癒す仕事に向きます。コンジャンクションの場合は、革新性と幻想性が混じった独創的な力を持ちます。その分、わがままで扱いにくいのですが、各分野で天才的な能力を発揮するでしょう。

天王星と冥王星

ハード・アスペクト
（180°、90°）

古いしきたりや慣習を打ち破ろうとする革新的な力に満ちています。社会のため、人々のためにその力を使おうとしますが、方法が衝動的・破壊的なことが多いため、人々の理解や共感を得られず、むしろ敵対視されることがあります。自分の目指す世界を実現するために、大事なものを壊す行為は矛盾していないか、改めて自分に問い直し、方法を検討することが大切。

ソフト・アスペクト
（120°、60°）

古いものを壊し、よりよい新しいものを生み出すパワーを持っています。自分１人でなく、集団を率いてそれを成し遂げるので、人類愛的な活動をすることになるでしょう。コンジャンクションの場合は、その力がさらに大きく、新しい世界や秩序を創り出す役目を担っています。権力に立ち向かう場合もあって、危険性をはらむため、覚悟をもって臨む必要があります。

海王星のアスペクト

海王星は「見えないもの」を象徴する惑星で、夢、無意識、妄想、霊性、神秘性などを司ります。感性や直感力、芸術的センスなどを示す場合もあります。曖昧なことや混沌としたこと全般を意味し、霧がかかって見通しが悪いような状況を暗示することも。海王星が、他の惑星とどんなアスペクトを形成するかによって、これらの見えないものに関する能力や未知の世界との関わりなどが示されます。

ハード・アスペクト
（180°、90°）

スピリチュアルや超常現象、オカルトなどに関わる能力を持ちますが、その使い道を誤る恐れが大きいので要注意。人の癒しや救済に使わず、お金儲けだけに利用したり、問題のある団体に関わったりすると、身の破滅につながる危険性があります。自分自身も不安定で危うい面があるので、１人で判断しないよう気をつけて。信頼できる人に相談して判断することが大切。

ソフト・アスペクト
（120°、60°）

直感力と感受性にすぐれ、スピリチュアルな能力も高い人。その力を使って人を癒したり、救ったりできます。生死、時空、宇宙などへの見識も高いため、深い話ができます。コンジャンクションの場合は、よりいっそう精神性が高く、宇宙的な愛を内包した人になります。ただ、並外れた感覚を持つだけに、人から敬遠される危険性も。相手に寄り添う気持ちが大切です。

※ P138 ～ 166 では、惑星の組合せを単位として解説しています。冥王星のアスペクトについては、他の惑星のアスペクトのページで確認してください。

CHAPTER6

未来を読み解く トランジット

Transit, deciphering the future

トランジット

現在や未来の運気がわかる

基本的なホロスコープは、生年月日、出生時刻から作る「出生ホロスコープ」ですが、これと現在や未来の惑星の運行を照らし合わせることで、今とこれからのあなたの運勢を占うことができます。

知りたいタイミングの惑星の配置を記したホロスコープを「トランジット（経過図）」と呼び、それと出生ホロスコープを重ねて読む方法を「トランジット法」といいます。また、出生ホロスコープとトランジットを重ねたホロスコープを二重円ホロスコープと呼びます。

インターネットで、「ホロスコープ作成　トランジット」「ホロスコープ作成　二重円」などの用語で検索すると、二重円ホロスコープを作成できる多くのサイトがヒットするでしょう。そこで二重円ホロスコープを作ってみましょう。

現在のトランジットが知りたければ、現在の年や日付を入れます。未来のトランジットも、それらの数字を入れて出すことができます。年だけ、月だけで出すことも可能です。

トランジットに現れる惑星すべてに意味がありますが、特に注目したいのが「太陽」「木星」「土星」です。トランジットに現れるこの３つの惑星には、下記のような特徴があります。そして、二重円ホロスコープで、この３つの惑星がどのハウスにあるかで、そのタイミングの運勢が読み解けます（これについて具体的には、１７０〜１７５ページをごらんください）。

太陽の特徴

太陽は生命力の象徴で、拡大・成長を示します。太陽はほぼ年周期で規則的に動き、毎年同じ時期にホロスコープの同じ位置に来ます。その動きを知れば、12か月の基本的な運の流れがつかめます。

木星の特徴

木星は、幸運をもたらす拡大と発展の惑星。約1年で1つの星座を通過し、12年周期で動くので、年単位の運勢を見ることができます。二重円ホロスコープでは、特に木星同士の重なりが重要です。

土星の特徴

土星は試練や課題をもたらすとされる惑星で、約2年半で1星座を通過します。凶星扱いされますが、実際は事が成就するための「準備」を示し、土星が示す課題をクリアすれば逆に運が開けます。

3つの惑星の位置関係にも注目

二重円ホロスコープの第一の見方は、太陽・木星・土星がどのハウスにあるかを見る方法だといいました。もう1つ、出生ホロスコープとトランジットの太陽・木星・土星の位置関係によっても、運勢を読むことができます。この3つの惑星が、出生ホロスコープとトランジットのどこにあるかを見て、特に重なっているものに注目してください。それによって、以下のことがわかります。

●トランジットの木星（または太陽）と出生ホロスコープの木星が重なっている

自分にとっての物事が、拡大・発展・成長傾向にあることを示します。

このタイミングで始めることで、事業なら発展し、結婚や交際は幸せな形で長続きし、習い事や勉強は大きく伸びることが期待できます。

●トランジットの土星と出生ホロスコープの土星（または木星ないし太陽）が重なっている

物事の準備に向く時期です。逆にいえば、まだ事を起こさないほうがよい時期です。結婚、交際、事業などを始めるのは、できればこの時期でないほうがよいでしょう。この時期に事を起こすと、「何かチグハグしてうまくいかない」ということになりがちです。

二重円で、太陽・木星・土星の重なる時期を見つけたいときは、月ごとや年ごとに時期をずらし、いくつかの二重円を作るとよいでしょう。惑星の周期も参考にすれば、およその動きと重なる時期がわかります。

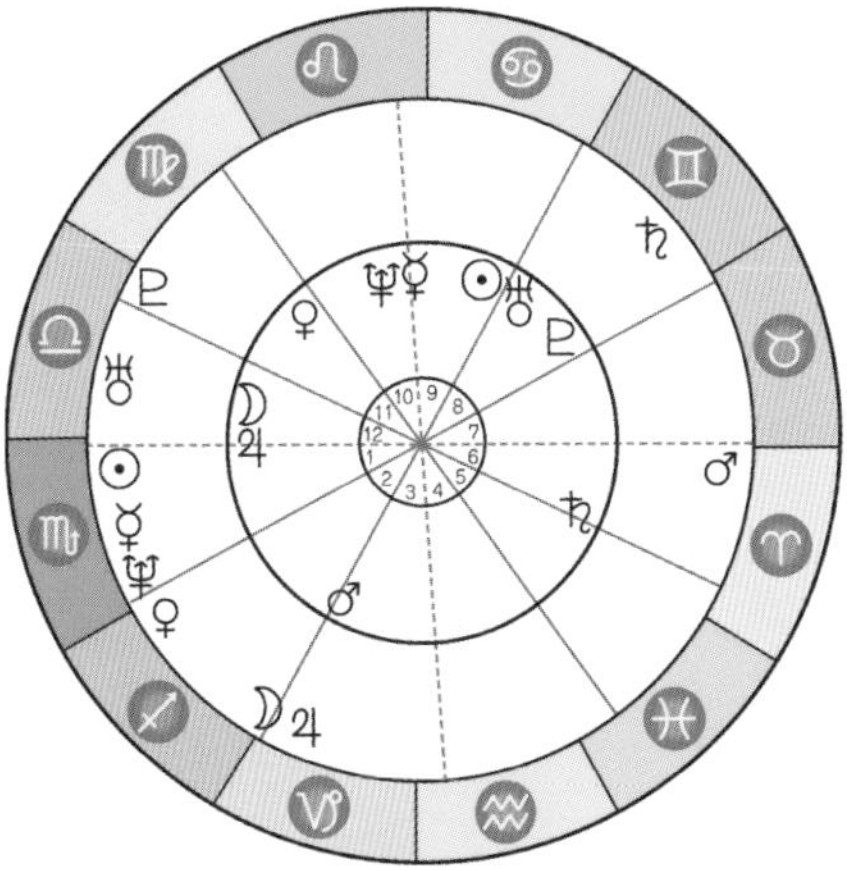

●二重円ホロスコープ
外側がトランジット、内側が出生時の惑星配列となります。

太陽と12ハウス

太陽が1ハウス

チャレンジやスタートに最適

何に対してもやる気が出て、自信をもって取り組めるようになる時期。物事を始めたり、新しい分野にチャレンジしたりするにはぴったりです。周囲からも認められる時期ですが、傲慢にならないよう注意。

太陽が2ハウス

じっくり取り組むと成果が出やすい

腰を据えて何かにじっくり取り組むと、成果が出やすい時期。金運もよく、思わぬ収入があるかも。マイペースでやるのはよいのですが、人と一緒に行動するときは、スロー過ぎないよう気をつけて。

太陽が3ハウス

知識やスキルが身につきやすい

新しく習い事や勉強を始めるのに最適。知識やスキルが身につきやすくなります。仕事では能力を発揮できて評価されます。友達と一緒の外出や旅行にも向く時期で、多くのことを吸収できるでしょう。

太陽が4ハウス

生活環境の変化に見舞われる時期

就職、転職、引っ越し、社内の異動などの変化に見舞われる時期。生活習慣を変える必要も出てきます。物事を慌てて判断したり、衝動的に決めたりしないよう注意。落ち着いて考えて決めましょう。

太陽が5ハウス

努力が報われて成果が出る時期

これまでの努力が報われ、高く評価されたり表彰されたりします。応援や協力してくれる人たちも現れ、いろいろなことに前向きに取り組みやすくなるでしょう。恋愛運も良好で、出会いがあるかも。

太陽が6ハウス

心身が不安定な時期生活リズムを整えて

ストレスのかかることが続き、心身が不安定になる時期。生活リズムに気をつけ、十分な睡眠とバランスのとれた食事をとりましょう。この時期、健康に気を配れば、その後は安定して活動的になれます。

太陽でわかるあなたの全体運

太陽が7ハウス
交流の範囲が拡がり注目される時期

多くの人と知り合い、交流する時期。社交的になって誘いを受ける機会が増え、人の集まる場所で注目されることも多くなりそう。交渉もうまくいく時期なので、契約を成立させるのにも向きます。

太陽が8ハウス
持続力がアップし財運にも恵まれる

スタミナが持続し、手間のかかる仕事も一気にやり遂げられる時期。思わぬことからお金が入るなど、財運にも恵まれます。ただし、自分が元気だからと、周囲に無理な仕事を要求しないよう注意。

太陽が9ハウス
モチベーションも意欲も高まる時期

いろいろなことに対する意欲が湧いてきて、モチベーションも高まる時期。希望も叶いやすいので、やりたかったことにどんどんチャレンジしましょう。海外旅行や留学などにも向いています。

太陽が10ハウス
成果が上がる分プレッシャーも増加

仕事や勉強などで、これまでの努力が報われて成果が上がる時期。同時に、自分が責任を負うことも増えます。プレッシャーを感じる機会が多くなり、ストレスを感じることも。上手に発散しましょう。

太陽が11ハウス
新しい仲間も増えて友達と楽しめる時期

趣味の仲間やサークル友達などと楽しく遊べる時期。新しい仲間と知り合える時期でもあり、初対面でも意気投合できそうです。直感力が冴え、アイデアも湧いてくるので、企画立案などにも向きます。

太陽が12ハウス
すべてが億劫な時期冷静に判断しよう

意欲とモチベーションが低下し、すべてが億劫になりやすい時期。トラブルも発生しやすく、対応に追われるかも。自分の気持ちも不安定で、被害妄想的になりそう。事実を把握して冷静に判断を。

木星と12ハウス

木星が1ハウス
新しいステージに踏み出すのに最適

就職・結婚など、新たなステージに踏み出すのに最適な時期。自分から行動を起こすことで物事がうまくいきます。才能が花開き、活躍の場が拡がるでしょう。ただし、自己中心的にならないよう注意。

木星が2ハウス
金運に恵まれ資産運用もうまくいく

予定外の臨時収入があったり、給料がアップしたりと、金運に恵まれる時期。自分の特技や才能を活かして収入を増やすこともできそうです。不動産や資産の運用もうまくいきやすい時期です。

木星が3ハウス
新しい交友が拡がり好奇心は旺盛に

コミュニケーション力が高まり、新しい交友関係が拡がりそう。これまでの友人とも頻繁に連絡したり、会ったりして親交が深まります。また、好奇心が旺盛になり、趣味や習い事が上達する時期です。

木星が4ハウス
家族との絆が深まって家庭生活は安定

家族との絆が深まり、家庭生活が安定する時期。家や部屋を片付けたり、快適にしたりすることで、エネルギーが増して運がよくなります。家族と一緒に家で過ごす時間を増やすのもよいでしょう。

木星が5ハウス
レジャーを楽しむことで運気が上昇

娯楽やレジャーに出かける機会が増えるでしょう。人が集まるところに出かけることで、気分が上がり、運もよくなります。夢中になれる新しい趣味に出合う可能性も。芸術作品を作るのにもよい時期。

木星が6ハウス
仕事運がよい時期健康管理にも最適

仕事面で環境の改善や収入のアップなど、よいことがありそう。これまでの仕事ぶりが高く評価される可能性も。健康面でも何か始めるのに向く時期。運動や生活改善に取り組んでみるといいでしょう。

現在と未来の運勢を占う

木星でわかるあなたのビッグチャンス

木星が7ハウス
出会いを求めて動けばチャンスあり

未婚の人にとっては、将来の結婚相手と巡り会うチャンスがありそう。恋愛中なら結婚を考えるのに向く時期です。異性関係に限らず、人との出会いを求めて動くことで運が開けます。契約にも向く時期。

木星が8ハウス
夫婦の絆が深まる時期 金運にも恵まれる

夫婦関係や自分の内面を見つめ直すことで、配偶者との絆を深められる時期です。予想外の遺産相続の話が舞い込む可能性も。高額の買い物や投資をしても失敗しにくく、ローンを組むのにも向く時期。

木星が9ハウス
知的な活動に向く時期 学び始めるのに最適

知的な活動や学習などに向く時期で、これまでの研究実績が評価されることも。興味を抱いている分野があれば、この時期に学び始めると知識が深まります。英会話や外国語を学び始めるのにも最適。

木星が10ハウス
社会的地位が向上 事業の拡大にも向く

仕事ぶりや実務能力が高く評価され、社会的地位が向上しそう。事業の拡大や進出にも向く時期。ほかにも物事全般がうまくいく時期なので、勝負ごとやチャレンジに向いています。積極的に行動を。

木星が11ハウス
趣味の集まりに参加することで運が開ける

趣味のイベントやサークル活動に参加することで、幸運が呼び込める時期。そこでの人間関係から、人生の新たな目標が見つかる可能性も。地域の活動やボランティア活動などへの参加もお勧めです。

木星が12ハウス
悩みが解消でき気持ちにゆとりが出る

これまで抱いていた悩みやコンプレックスが解消される時期。困難があっても、サポートしてくれる人が現れて乗り越えられます。リラックスする時間を持てば、精神的にもゆとりが生まれるでしょう。

土星と12ハウス

土星が 1 ハウス

プレッシャーが加わり気持ちが揺れ動く

仕事や生活面で、プレッシャーや責任を感じることが増える時期。また、自分の存在価値に疑問や不安を感じて気持ちが揺れ動きそう。あまり余計なことは考えず、淡々と実務をこなすのがお勧め。

土星が 2 ハウス

金運が下降ぎみだからこそ貯蓄を

収入が減ったり、入るはずのお金が入らなかったりと、金銭面で苦労する時期。ただ、そんな時期だからこそ、貯蓄を始めるのに向いています。お金の大切さを実感し、将来に向けて準備することが大切。

土星が 3 ハウス

知的作業の速度が鈍化諦めずに勉強を

情報を捉えるアンテナや処理能力、頭の回転などが鈍り、知的作業のスピードが落ちそう。しかし、身につけた知識は確実に頭に刻まれるので、資格試験などの勉強中の人は諦めずに続けましょう。

土星が 4 ハウス

家庭や家族に問題発生関係を見つめ直そう

家庭や家族に関係する問題が生じやすい時期です。感情的になると、ますますトラブルが大きくなりかねないので、冷静に対応を。家族の関係を見つめ直し、むしろ絆を深めるチャンスにしましょう。

土星が 5 ハウス

レジャーや恋愛運ギャンブル運が下降

予定していたレジャーや旅行に行けなくなったり、思ったほど楽しめなかったりして、残念な結果になりそう。恋愛運は下降し、出会いのチャンスが減りそうです。ギャンブル運も悪いので控えましょう。

土星が 6 ハウス

健康問題が表面化じっくり体調を整えて

体調がすぐれなかったり、病気にかかりやすくなったりと、健康問題が現れる時期。対応を怠ると長期化しやすいので注意。生活改善をしてじっくり体調を整えることで、強靭な体を手に入れられます。

現在と未来の運勢を占う

土星でわかるあなたの課題

土星が7ハウス

結婚のトラブルが多発 問題を見直そう

「婚活中の人は相手と巡り合えない」「恋人がいる人は結婚に進展しない」「既婚者は結婚生活に疑問や不安を抱く」など、結婚関係のトラブルが起きる時期。必要な課題と捉えて問題を見直すことが重要。

土星が8ハウス

夫婦に試練のとき 協力し合って対応を

家のローンや借入金に関する問題が起きたり、遺産相続でトラブルが起きたりして、夫婦生活に試練が与えられる時期です。そんなときこそ協力し合って、問題解決に取り組み、乗り越えることが大切。

土星が9ハウス

柔軟な発想が困難に 地道な努力が大切

ものを考えるときの視野が狭くなり、柔軟な発想ができなくなる時期。しかし、性急な気持ちを捨ててじっくり学ぶようにすれば、かえって学習に向く期間でもあります。地道な努力が大切です。

土星が10ハウス

心身ともに疲れる時期 逆にチャンスにも

責任ある仕事や役割を任され、プレッシャーを感じる時期。心身ともに疲れるかもしれません。一方で、これまで努力してきた人にとってはチャンスでもあります。自信を持って取り組んでみましょう。

土星が11ハウス

友人の中で孤立 じっくり話し合って

友人の中で、自分の意見に賛同・共感してくれる人が現れず、孤独を感じることになりそう。しかし、自分の主張そのものを見直しつつ、じっくり話し合うことで関係性を修復や維持できるでしょう。

土星が12ハウス

悩みを抱えやすい時期 思いを整理しよう

プライベートなことで悩みを抱えやすい時期。コンプレックスを感じて落ち込んだり、人に打ち明けにくい悩みを抱えたりしそうです。悲観し過ぎず、自分の思いを書き出すなどして整理してみましょう。

COLMUN

運気が悪いときのアドバイス

西洋占星術で悪い運気が出ると落ち込むかもしれません。しかし、実は悪い運気がわかることこそ西洋占星術の大きな価値です。よい運気なら、ことさら知らなくても、問題なく過ごせるでしょう。しかし、悪い運気は前もって知ることで心構えや対処ができます。

運気を天気に例えるなら、よい運気は晴れの日、悪い運気は雨の日といえるでしょう。世の中では雨も必要であり、雨をむやみに恐れることもありません。運気も同じで、「これも必要なのだ」と捉えたうえで、雨の日なりの過ごし方をすることが大事です。

必要がないのに何かを始めたりしないで静かに過ごすことや、大きな決定や方向転換をしないこと、それらが必要なら、信頼できる人に相談してから行うことなどがポイントです。運気の低迷期は、エネルギーをためる時期でもあります。次のよい運気が来た時に備えて、エネルギーをチャージしておきましょう。

不思議なもので、悪い運気が来ると知っておくだけでも、人にはそれを避ける力が備わりやすくなります。西洋占星術で自分の運気を知ることは、危険な運気に無防備に身をさらさないための防御にもなるのです。

CHAPTER 7

宇宙エネルギーと バビロン占星術

Babylon astrology with cosmic energy

西洋占星術は悪い運気のときこそ利用価値が大きい

占いを信じる人も信じない人も、そのような姿勢とは無関係に、すべての人が否応なく惑星のもたらす宇宙エネルギーの影響を受けています。その影響が凶作用だと人は落ちこみがちです。しかし、実は悪い運気のときこそ、西洋占星術の真価が問われるのであり、また利用価値が大きいのです。人は生きて行く中で、いいことも悪いことも経験します。悪いことは、そのときは辛くても人生の薬となって役立つということがよくありますが、時に「ためになった」ではすまないくらいひどい目に遭う人がいます。もともと私が占いに興味を持ったのも、「それほど悪いことをしているわけでもないのに、とことんついてない人がいるのはなぜだろう」ということに興味を持ったのがきっかけでした。そして占いの勉強を続けていくと、占いというものは、基本的に不幸がよく当たるということがわかってきました。もちろんいいことも言ってくれますが、的中するのは圧倒的に悪いことが多いのです。

私は世界各地でさまざまな占いをしてもらい、インドの南部にある有名な「アガスティアの葉」も見にいきました。５０００年前にヒンドゥー教の神が賢者アガスティアに伝えた人間一人一人の過去・現在・未来がヤシの葉に書かれているという占星術の一種ですが、これもまた悪いことを中心に当たっていました。また、日本で昭和40年代後半に関連書籍が大ベストセラーとなった、かのノストラダムスは、独特の方法を使って自分の頭に浮かんでくる映像を詩に起こした予言者ですが、やはり悪い予言の多くが的中しています。考えてみれば、それも道理で、古代バビロンで占星術が生まれたときにも、凶事を避けるのが主たる目的でした。その後も王や権力者は、よいことはさておき、もっぱら自分や国に降りかかる凶事を避けるために占星術を活用してきたのです。

不幸現象が多いときは「惑星の影響」を疑ってみる

このことを踏まえて、西洋占星術の上手な活用法の1つとして、ぜひ覚えておいて欲しいことがあります。それは、自分と周囲の友達などを比べてみて、自分には「異常に不幸現象が多い」「平均を超えて嫌なことが起きる」と感じる人には、「これは惑星の影響かもしれない」という視点を持っていただきたいということです。自分に何か悪いところがあるとしても、それを増強させる惑星の凶作用が働いているのかもしれないと、まず考えてみることが、不幸を避ける第一歩になります。そう考えることができたとして、ではどんな対策があるでしょうか。実は、惑星の凶作用が働いていること、これから不幸が降りかかるかもしれないことを意識するだけでも、凶事に対する一種の守りになります。ただ、それだけでは心許ないので、自分の意志の力で防御することも大事です。松下電器産業（現・パナソニック）の創業者・松下幸之助さんは、店を建てようとして土地が見つからなかったときに、大凶（鬼門）とされる場所を安く買い取り、その敷地内に立派なお寺を建て、高僧を呼んで磁場を強化したそうです。占い師に助言されたわけでもなく、自ら考えてそんな対策をとり、凶事を避けて成功することができたのです。お寺を立てるなどということは、一般の人にはできませんが、自分なりの浄化法やお祓いを行うことが大切です。そう言われてもなかなか難しいという人は、本書の付録の「ソロモン王シール」を、ぜひ活用してください。このシールは、宇宙エネルギーを取り込み、さらにそれを増強させる光のエネルギーも加えて、凶作用を回避するために強い力を発揮します。

凶作用を避けるパワーに満ちたソロモン王シール

ソロモン王シールは「五芒星」と呼ばれる突起が5つの星形をしています。私が最初にこれに着目したのは、伊勢神宮の別宮である伊雑宮《いざわのみや》（「いぞうぐう」とも呼ばれる）によく行っていたとき、漁の安全祈願に訪れる地元の海女さんたちが、海難から逃れるお守りとして、五芒星を身につけているのを知ったのがきっかけでした。五芒星とともに、三角を2つ組み合わせた突起が6つの六芒星も魔除けとして知られていますが、どちらも、平安時代の有名な陰陽師（祈祷・占術師）である安倍晴明が用いた呪符です。そのため、伊勢の海女さんたちは五芒星のことを、晴明を意味するとされる「セーマン」という名で呼んでいます。他方、世界に目を向けると、六芒星は古代イスラエルの王・ダビデの紋章でした。その息子であるソロモン王は五芒星を紋章としました。五芒星は、六芒星に勝るとも劣らない宇宙エネルギーの集め方ができるうえ、願望成就のパワーが非常に大きいとされています。ソロモン王は、天空のはるかかなたにある星を目の前に降ろして自分の望みを命じる（遠大な願望を成就する）ことの象徴として五芒星を用い、その目論見通りにあらゆる願望を成就したといわれています。その五芒星に、さらに光のエネルギーを加えるために「光」の文字を入れたのがソロモン王シールです。私自身、使ってみたり、クライアントさんに試してみたりしたところ、やはり強大な効果があることがわかりました。ちなみに、前著『ナポレオン気功』（カクワークス社）では、六芒星を使った「光の気功シール」を紹介しましたが、これはどちらかというと心身の不調や病気の改善が得意です。今回のソロモン王シールは、惑星の凶作用を避けて、運気をよくし、願望を叶えるためにおすすめです。

図にシールを貼って簡単な言葉を唱えるだけ

ソロモン王シールは、特に、土星の凶作用が降りかかってきたときや降りかかってきそうなとき、不運を呼ぶハード・アスペクトの悪影響を受けているときや受けそうなときなどに、大きな防御力をもたらします。いわゆるノイズキャンセルと同じ原理で、凶作用に対して逆波動を出し、それらを打ち消すのです。また、凶事を防ぐだけでなく、さらに願望も叶えてくれるので、人生の一発逆転を狙うこともできます。使い方は簡単です。１８４～１８８ページにある図に言葉を書き込んでシールを貼り、指で押さえ、決まった言葉を唱えるだけです。以下、やり方をご説明します（シールを貼るための図はコピーまたはご自身で模写して使ってください）。

①まず１８４～１８５ページの図を見てください。図によってレイアウトなどが異なりますが、その中に本人の名前や惑星の名称を記入する場所があると思います。あなたが使うときは、その名前部分にあなたの名前を記入してください。アスペクトによる凶作用回避の図では、あなたのホロスコープ上でアスペクトの関係にある惑星の名称をそれぞれいずれかの枠に記入します。

②各図にシールを貼る場所や枚数の目安を書いていますので、その通りにソロモン王シールを貼っ

てください。シールの枚数が書いてない場所にはまず1枚貼ってみて、どこかパワーが足りないなと感じたら、重ねて貼っていくと効果的がでてくるでしょう。なお、名前のところは名字に貼ります（1文字なら文字そのものに、2文字以上なら文字間に）。

③シールを貼ったら、左右どちらかの手の親指で名前のところのシールを、人差し指で五芒星の中心に貼ったシールを押さえます。指がとどきにくい場合は、両手を使ってもけっこうです。アスペクトの凶作用回避の図では、一方の親指で名前部分のシールを、両手の人差し指でそれぞれ惑星部分のシールを押さえてください。

④シールを指で押さえたら、今度は願い別に以下の言葉を唱えます。

土星に愛されるために「私、○○○○（自分の名前）は土星に愛されます。1・2・3・4・5。ありがとうございます。感謝します」「私、○○○○（自分の名前）は土星に愛されるようになりました。1・2・3・4・5。ありがとうございます。感謝します」

※惑星の名前を変えれば、同じ方法で、火星や天王星の凶作用を除くこともできます。

アスペクトの凶作用回避「私、○○○○（自分の名前）は●●と▲▲（それぞれ惑星の名前）に愛されます。1・2・3・4・5。ありがとうございます。感謝します」「私、○○○○（自分の名前）は●●と▲▲（それぞれ惑星の名前）に愛されるようになりました。1・2・3・4・5。ありがとうございます。感謝します」

2つのチャクラを活性化すればさらにパワーアップ

このようにソロモン王シールを活用すれば、惑星の凶作用を避けることができますが、実は宇宙エネルギーを有効利用するために、もう1つやっておいたほうがよいことがあります。それは、体の「チャクラ」を活性化することです。チャクラとは人体の中のエネルギーが宿る場所のことで、一般には全身に7つあるとされます。実際には、頭上20~30㎝（肉体から離れたところ）に第8チャクラがあり、これが最も重要です。第8チャクラが開いて（活性化して）いないと、悪い運気ばかりを引き寄せ、よい運気を寄せ付けなくなるという最悪のことが起こります。第8チャクラは、東洋では仏や菩薩の頭上に見える後光、西洋では天使の頭上の輪っかとして認識されてきました（各チャクラの場所は186ページの図を参照）。そして、第8チャクラとともに、金運や魅力を司る第3チャクラを活性化することで、さらに運気を好転させ、願望が成就しやすくなります。ソロモン王シールは、そのためにも使えます（187~188ページの図参照）。

唱える言葉（第8チャクラの場合）「私、〇〇〇〇（自分の名前）の（チャクラ名）が開きます。1・2・3・4・5。ありがとうございます。感謝します」「私、〇〇〇〇（自分の名前）の（チャクラ名）が開きました。1・2・3・4・5。ありがとうございます。感謝します」

※第8チャクラ以外の場合は、「開きます」「開きました」の部分を「活性化します」「活性化しました」に置きかえて唱えてください。

惑星の凶作用回避とともに、ぜひチャクラの活性化にもソロモン王シールをご活用ください。記入する文字や唱える言葉は異なりますが、それ以外のやり方は基本的に一緒です。それにより、さらに力強く宇宙エネルギーを集めて自分に取り込むことができます。あなたが不幸を避け、幸運を呼び込むために、お役に立てれば心からうれしく思います。

ソロモン王シールのその他の使い方は、適時特設サイトで公開していきます（24ページ参照）。

土星に愛されるために

以下を参考に作図し、名前部分をあなたのお名前に置きかえたうえで、「ソロモン王シール」を貼ってください。シールは189ページをコピーまたはご自身で模写したものを切り抜いて使われるか、あるいは付録のもの（特設サイトから追加購入可）をご利用ください。貼り終えたら、言葉を唱えることも忘れずに！

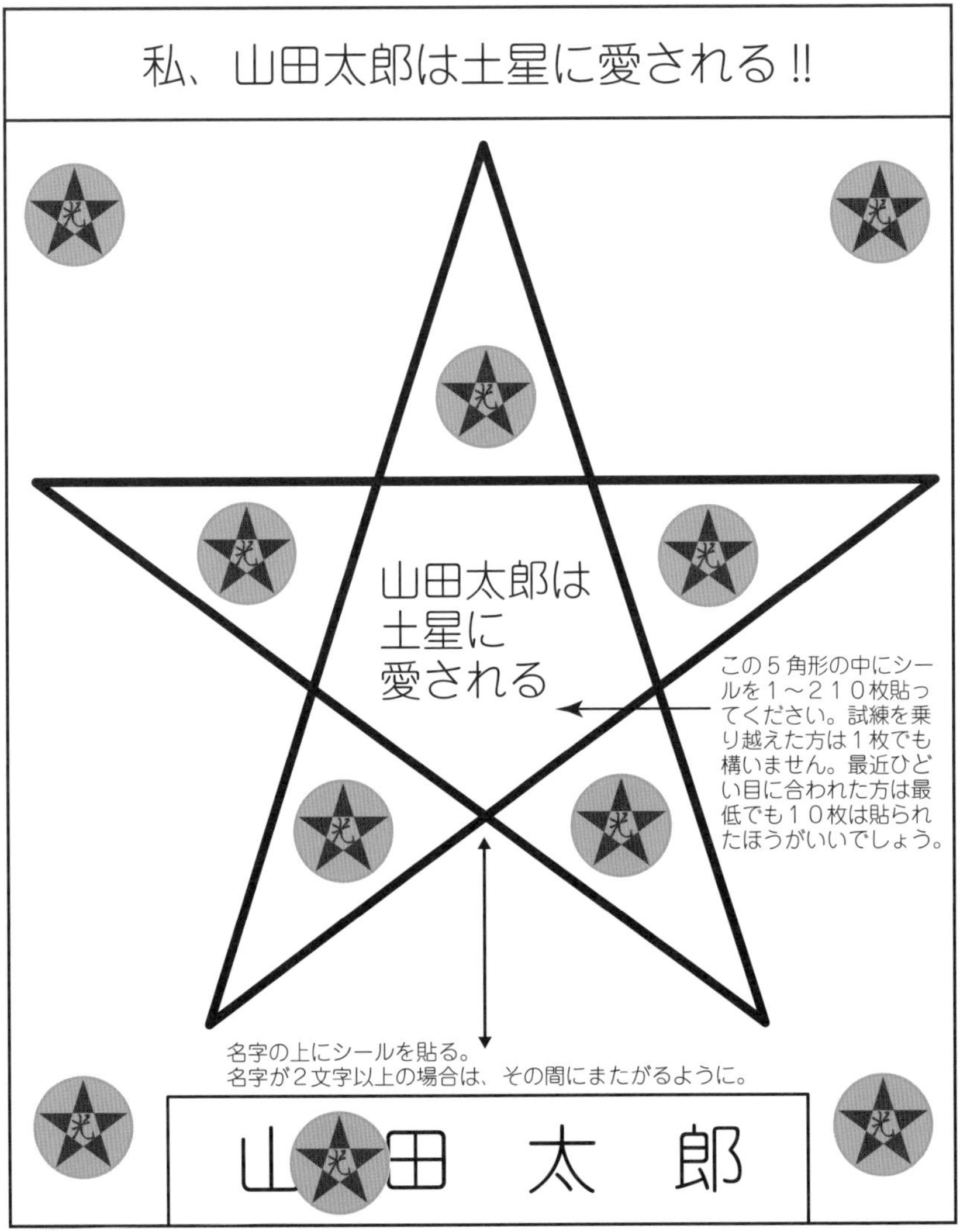

アスペクトの凶作用回避

以下を参考に作図し、出生ホロスコープ上でスクエア（90 度）の関係にある２つの惑星を、それぞれ「惑星の名称」の部分に記入。左下の枠には、あなたのお名前をフルネームでお書きください。記入が終りましたら、以下のように「ソロモン王シール」を貼ってください。シールは 189 ページをコピーまたはご自身で模写したものを切り抜いて使われるか、あるいは付録のもの（特設サイトから追加購入可）をご利用ください。

貼り終えたら、言葉を唱えることも忘れずに！

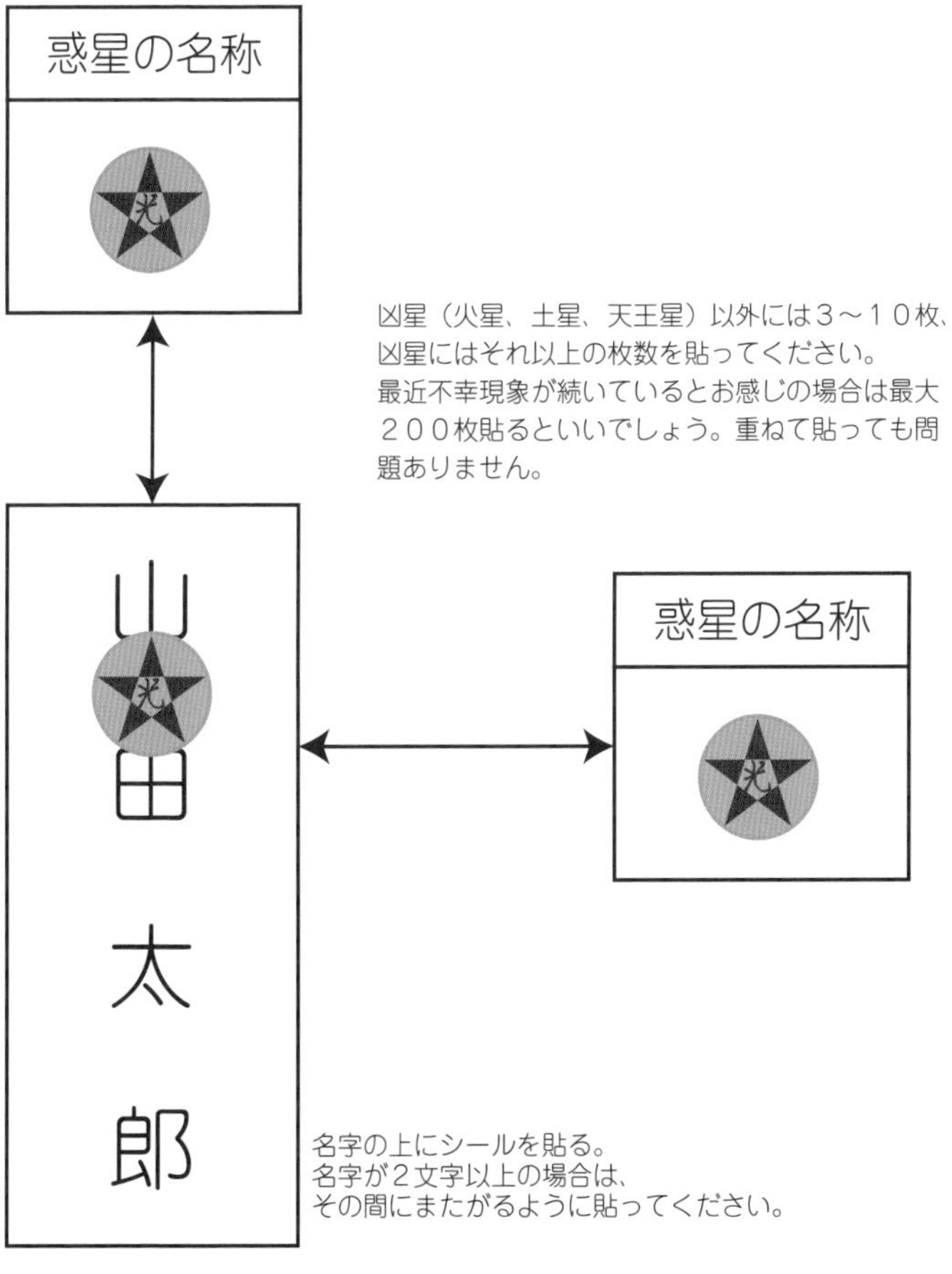

チャクラとは？

チャクラとは、スピリチュアル的にエネルギーが出入りする人体の中枢であり、このチャクラを開くと、生きるエネルギーを感じやすくなります。確固とした目標や希望を掲げ、荒涼たる世界をもたくましく生き抜いてやろうというしたたかさを得ることができます。特に重要なのは第３と第８のチャクラです。第３チャクラを開くことで人としての魅力や健康、金運が高まり、さらに天使の輪といわれる第８チャクラを開くことで、第３チャクラがさらに活性化します。

第８チャクラを開ける

以下を参考に作図し、名前部分をあなたのお名前に置きかえたうえで、「ソロモン王シール」を貼ってください。シールは 189 ページをコピーまたはご自身で模写したものを切り抜いて使われるか、あるいは付録のもの（特設サイトから追加購入可）をご利用ください。貼り終えたら、言葉を唱えることも忘れずに！

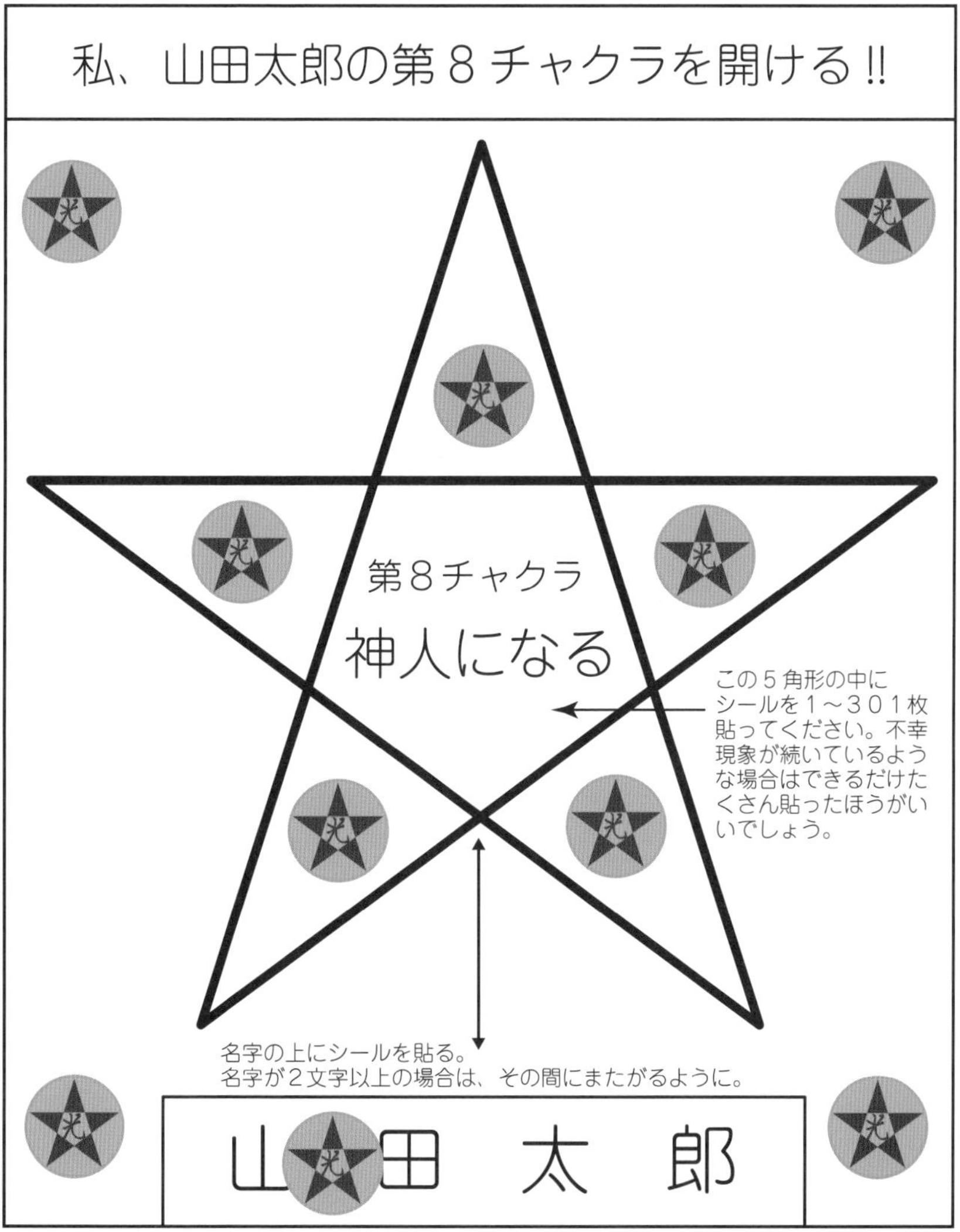

第３チャクラ活性化

以下を参考に作図し、名前部分をあなたのお名前に置きかえたうえで、「ソロモン王シール」を貼ってください。シールは189ページをコピーまたはご自身で模写したものを切り抜いて使われるか、あるいは付録のもの（特設サイトから追加購入可）をご利用ください。貼り終えたら、言葉を唱えることも忘れずに！

ソロモン王シール

ソロモン王シールは、宇宙エネルギーとそれを増強する光エネルギーの両方を取り込んだシールで、それが放つ逆波動によって、惑星が出す凶作用を打ち消してくれます。このシールを活用し、不幸を避けて幸運を呼び込み、人生を豊かなものにしてください。シールは、このページをそのままコピー（白黒でも可）またはご自身で模写したものを切り抜いて使われるか、あるいは付録のもの（特設サイトから追加購入可）をご利用ください。

Q 出生時間がわからないときのホロスコープは？

A 3時間おきに出してピンとくるものを探しましょう

ホロスコープは、生年月日だけでなく出生時間もわかると、ハウスやアセンダントなどが確定でき、より正確に読み解けます。出生時間は親に聞くか、母子手帳の記載を見ることなどでわかりますが、どうしてもわからないときはどうすればよいでしょうか。

出生時間がわからないときは、生まれた時間をお昼の12時に設定する方法が一般的です。ホロスコープの作成サイトでも、出生時間不明にチェックすると、多くの場合はこの設定になるようです。

しかし、できれば3時間単位でもよいので、少しでも実際の出生時間に近づけられれば、より正確になります。そこで、3時間おきのホロスコープを作成し、自分でピンとくるものを選んでみてください。近年では薬を使って出産の時間帯を調節し、夜遅くの出産は少ないので、朝9時、昼12時、午後3時・6時・9時の5つをチェックすればいいでしょう。

Q ホロスコープにある惑星の逆行とは？

A 逆行のように見える時期で過去に意識が向きます

ホロスコープに登場する惑星には、一定の間隔で、一定の期間、「逆行」するものが多くあります。といっても、実際に天体の軌道が逆になるわけではなく、地球との位置関係によって、逆行しているように見えるだけですが、西洋占星術ではそれを「逆行」と呼んでいます。

逆行で最も注目されやすいのは水星ですが、ほかにも太陽と月以外の惑星は逆行する期間があります。逆行の時期には、物事が不安定になったり、過去のことに気持ちが向きやすくなったり、普段は意識していないことに目が留まりやすくなったりします。

昔のことを思い出したり、過去の出来事を振り返ったり、懐かしい人と連絡をとったりするには向いている時期ともいえます（それぞれの惑星の逆行の頻度や期間、意味については、チャプター3の42ページ以降を参照してください）。

Q ハウスの境界線近くにある惑星の見方は？

A 近いハウスの影響も受けるので併せて読みましょう

同じハウスの中に惑星がある場合でも、ハウスの真ん中近くか、ハウスの境界線近くかで、厳密には意味が変わってきます。ハウスの真ん中近くにある場合は、その惑星が、そのハウスの意味合いをストレートに受けます。本書の78～125ページで述べたことが、そのまま当てはまりやすいと考えてください。

一方、ハウスの境界線に近い場合は、寄っているハウスの影響を受けます。そのため、近いほうの前後のハウスの記述も参考にしてください。ハウスは、真ん中が濃く、前後に行くにつれてそのハウスの意味合いが薄まり、隣のハウスの影響を受けるグラデーションのような構造と捉えるとわかりやすいでしょう。

例えるなら、ハウスの真ん中は、日本料理なら日本料理ひと筋で成功するイメージ、境界線寄りは和洋折衷の創作料理のようなもので、失敗やトラブルのリスクもありつつ、うまくいけば大成功するイメージです。

Q 反対の意味の惑星が同じハウスにあるときは？

A 両方の影響がある中で自分の意志が反映されます

同じハウスに反対の意味を持つ惑星が入っていることがあります。例えば、パートナーとの絆や譲る受けるものを象徴する8ハウスに、「結婚後に経済面で苦労する天王星」と、「多くの財産を受け継ぐ冥王星」が入っているような場合です。

この場合、反対の意味だから打ち消し合うということはなく、また、どちらかが勝って一方が消えるということもありません。あくまでも、両方の影響は生き続け、時と場合によって現れると考えてください。

ここであげた例でいえば、結婚相手の選択や相手とのつき合い方、自分の親族や相手の親族との関係性などによって、状況が変わってくると捉えることができます。そこには、自分の意志や選択が反映されます。

両極端なエネルギーが与えられていることがわかったときこそ、ほかの面からも運気を読みとって、よりよい選択をしていくことが重要です。

［参考文献］

「改訂版　しあわせ占星術」まついなつき著 KADOKAWA 2015
「いちばんやさしい占星術」西條のゆり著 成美堂出版 2009
「いちばんやさしい西洋占星術入門」ルネ・ヴァン・ダール研究所著 ナツメ社 2018
「ホロスコープが読める西洋占星術LESSON BOOK」絹華著 池田書店 2022

［著者略歴］

大原弘詩
マックス超気功　代表

昭和33年6月、大阪府大阪市に生まれる。
中学生のとき、父親の影響で占いと出合う。成人後、その本質を探るべくアメリカ、イギリス、中国、台湾、韓国、スリランカ、チベット、インドなど世界各国を巡るうち、占いの起源が古代都市バビロンで誕生した「バビロニア占星術」にあり、その根源的意義が「凶作用を回避し、運を手にして人生を充実させる」ことにあるのを知る。以降、その視点から占星術の研究を重ねる。その一方、インドのサイババをはじめ高名なヒーラーの方々との対面ないし日本各地の神社での神々との合体を繰り返すなか、自らヒーラーとしての能力を開花。陰陽師として有名な安倍晴明からヒントを得て、気功師でなくとも誰もが簡単に宇宙エネルギーを受けとれる、シールと１円玉を使った気功法「ナポレオン気功」も開発した。その後もヒーラーかつ占い師として精力的に活動を続け、現在に至る。

著書
「ナポレオン気功」
「ナポレオン気功シール専用ブック」

運勢占いナポレオン　バビロン占星術

2024年6月27日　初版発行

著　者　大原弘詩
発行人　福永成秀
発行所　株式会社カクワークス社
〒150-0043　東京都渋谷区道玄坂2-18-11　サンモール道玄坂704
電話 03(5428)8468　ファクス 03(6416)1295
ホームページ　http://kakuworks.com
装　丁　株式会社図案計画
ＤＴＰ　スタジオエビスケ

ISBN978-4-907424-39-8